汉口的租界

——一项历史社会学的考察

周德钧 ◎ 著

图书在版编目（CIP）数据

汉口的租界——一项历史社会学的考察/周德钧著.
—天津：天津教育出版社，2009.1
ISBN 978-7-5309-5480-5
Ⅰ.汉… Ⅱ.周… Ⅲ.租界－地方史－武汉市 Ⅳ.D829.12 K296.31
中国版本图书馆CIP数据核字（2008）第190692号

汉口的租界——一项历史社会学的考察

出 版 人	肖占鹏
作　　者	周德钧
选题策划	强　华
责任编辑	匡　威
装帧设计	郭亚非
出版发行	天津教育出版社 天津市和平区西康路35号 邮政编码300051 http://www.tjeph.com.cn
经　　销	新华书店
印　　刷	山东新华印刷厂德州厂
版　　次	2009年1月第1版
印　　次	2009年1月第1次印刷
规　　格	16开（787×1092毫米）
字　　数	204千字
印　　张	11.75
定　　价	25.00元

引　言　一段多彩的文化记忆

武汉的魅力源于它丰厚的历史积淀和灵动变幻的空间景观。

盘龙城的旷远、古琴台的悠然、黄鹤楼的神奇是它厚重历史的精彩片段，而三镇鼎立的伟岸、东湖的浩淼、汉正街的喧闹、长江大桥的刚劲则将它灵动多姿的城市品格一展无余。

汉口江滩——这座多彩城市的又一道靓丽景致，沿长江蜿蜒向北，林木葱郁、绿草如茵、犹如一条瑰丽的锦带编织在长江的北岸。在它的西侧，越过长江大堤，一幢幢欧式风格的建筑错落有致，沿街而立，从武汉著名的江汉关大楼一直延伸至长江二桥下端，蔚为大观。虽经百余年的风霜侵蚀，身上刻满了岁月斑驳的痕迹，却丰姿依旧，其繁华的身世，让人一望而知。这些虽已老旧却风姿绰约的建筑群落就是汉口历史上的租界区，一个南北长约4公里、东西宽约600米的条状地带，一个地处武汉最核心地带的商业街区，一个承载着这座城市百年风雨的历史文化街区。

这片街区除了建筑风格与众不同，如今再也找不出什么特别的地方，不论是长期生活在这里的汉口市民、还是偶尔行过的观光客，大抵不会在此作特别的停留。偶尔，会有少数几个外国游客徜徉其间，饶有兴趣地打量这些让他们眼熟的建筑，除此之外，没有谁会特别在意它们。在如今的武汉人眼里，这里只是一个普通的地方，与汉口其他商业街区毫无二致。或许唯一的特别之处，就是夜幕降临之后，这里到处闪烁的霓虹灯和沿街散布的小巧而精致的酒吧。悠扬的乐曲伴着淡淡的酒香不时从夜空中飘过，透出几分迷人和浪漫。只有这些似乎还在诉说着当年的繁华与特别，倘若时光回转，这里可不是一般的所在，它是租界，是洋场，是一个在各方面都显得特殊的场所。当年这里的特殊，不是因为它的浪漫和诗意，而是因为它的特权、高傲和另类，还有它的喧嚣与繁华。

那是一百多年前的某一天，英国驻华参赞巴夏礼与清廷的地方官签订了《汉口租界条约》，这块依偎着汉口老城的土地就生生地被

汉口的租界

"划分"了出去，英国人首先在这里辟建租界，各国的领事馆、洋行、银行的大楼一栋接一栋地修建起来。随后，俄国人、法国人、德国人、日本人接踵而至，他们都学着英国的做法，逼迫着清廷的地方官签订了与英国人类似的租地条约，并紧挨着英租界各自划出一块土地，作为他们商人与侨民的居留地。

于是，在当时汉口花楼街以下的沿江地带形成了一个"特殊的空间"，这里开设有各国的领事馆，密集着外国的洋行银行，出现了一个又一个汉口市民闻所未闻的事物——工部局、巡捕房、波罗馆、弹子房、酒吧间、影剧院、教堂、学校、医院、里弄……

一个不同于汉口老城厢的特殊"文化空间"出现了。一个被称做租界的城区蓦然出现在汉口市民的眼前，里面只允许洋人居住，这里是"洋人的世界"。汉口城垣的东北角从此出现了一个不属于它的新型城区，汉口市民以疑惑的眼神默默注视着这块既熟悉而又陌生的地方。

这个特殊的地方从19世纪的60年代形成，直到20世纪40年代终结，伴着汉口走过了几乎整个近代的岁月。汉口，这座饱经风霜的城市，由此经历了一段痛苦而复杂的文化历程。

租界，究竟给汉口带来什么？

它怎样影响和改变着周围的一切？

假使没有它，近代的汉口甚至今天的武汉会是怎样？

今天，我们又该如何看待它呢？

带着这些疑问，我们走近它，试着对它作一番仔细的打量。

对于大多数武汉人而言，租界首先是一段模糊而苦涩的记忆。

说到模糊，那是因为现今的许多武汉人对租界的历史已不甚了了，汉口租界对他们而言早已成了如烟的往事。而苦涩的记忆则来自于前辈的述说和历史教科书的反复告诫，以至于一提到租界，人们就会产生如下的联想：它是帝国主义侵略的见证，是落后就要挨打的生动事例。租界是西方列强的强权势力嵌在中国领土上的"国中之国"，它刻记着民族的耻辱，也浸透着国人的血泪。对于国人而言，一看见租界就会联想到侵略者的狰狞面目、洋人的趾高气扬以及同胞备受欺凌与歧视的痛苦经历，这种苦涩的记忆使人们对租界充满着愤懑与敌忾。

然而，这并不是人们对租界记忆的全部，还有一段新奇的记忆不时闪现在人们的脑海里。

那里高大的洋房、宽敞的马路、琳琅满目的洋货以及各种各样的新奇之物，到处都显得与汉口老城迥然不同，"老汉口"透过这里似乎看到了一个"新世界"，一个自己完全不熟悉却十分精彩的世界。从租界这里，"老汉口"隐约看到了现代社会的朦胧模样——

便捷轻快的"东洋车"（人力车）、往来如飞的小汽车、电灯、电报、电话、弹子房、歌舞厅、俱乐部、电影院……

这些现代生活的时尚元素首先出现在租界里。

还有闻所未闻的一些新名词——"领事官""纳税人会议""工部局""董事会""大班""洋保正""律师"……

再深入一步观察，人们便会看到一个自己完全不熟悉的社会制度。

汉口的五国租界都不约而同地制定了一套法律法规，它是租界内所有的人，不论是贩夫走卒，还是达官显贵都必须遵守的行为规则，这些规则是如此细致，甚至连"倒提鸡鸭行走于街道"都不允许。还有所谓"纳税人会议"，它居然拥有那么大的权力，大会讨论、选民投票、董事会表决、报纸发布消息，诸如此类的政治活动令汉口市民眼花缭乱，他们如此真切地感受到了西方的"自由"和"民主"，也如此深刻地体会到"我们"与"他们"的显著差异。

租界，这个"洋人的世界"让传统的汉口真切地观看了一番"西洋景"，在这个"西洋景"里，人们看到了令人目眩的现代工业文明，看到了让人怦然心动的西方现代生活，看到了令他们疑惑不解的西方政治制度，也看到隐藏在文明与优雅背后的野蛮、丑陋与罪恶。

租界还给武汉人留下了一段红色的记忆。

反清志士唐才常在这里喋血，辛亥革命的起义机关在这里遇险，1927年，大革命的洪流汹涌澎湃，武汉人民的反帝爱国精神在这里高扬，反帝爱国运动的巨大声浪冲决了帝国主义的营垒。这一年，武汉人民一举收回了英租界，"红色的汉口"一度成为中国革命的中心。随后，在中国革命面临失败的危急关头，中国共产党人在这里召开了具有重大历史意义的"八七会议"，作出了武装斗争的历史性抉择。而当全民抗战的号角吹响、抗战的烽火燃遍神州大地之时，这里又成为中外人士云集、国际友人汇聚的地方，斯诺、史沫特莱、伊文思等著名国际文化人士在这里奔走呼号，红色汉口此时被誉为"东方马德里"，这里成为中国人民与世界爱好和平的人民反抗侵略、伸张正义、呼吁人道的中心。

对租界的记忆还不只这些，因为它还伴着汉口走过了一段绚丽的岁月。

汉口开埠不久，各国商人联翩而至，外国洋行、银行、工厂在租界内外相继建立起来，"华洋互市"在这里大规模展开，汉口是"收纳土货，运销外洋""转输洋货，散销内地"的枢纽，俨然成为中国内地最大的"国际市场"。作为一个内陆商埠，汉口在对外贸易方面长期与沿海口岸——上海、广州、天津、青岛并驾齐驱，成为中国对外贸易的"五大商埠"。汉口的这一经济成就几乎是空前绝后的。从前的内河"船码头"而今成为通江达海的国际性大都市，"东方芝加哥"的美誉由此被传诵一时。

汉口租界就是这样一个地方，它给这里的人们带来了多彩的记忆，也引申出人们对它难以言说的复杂感情，真可谓是酸甜苦辣，五味杂陈；爱恨悲欣、百感交集。当然，在百余年的风雨之后，这一切都风流云散，我们再次面对汉口租界，内心的杯葛早已释然，更多的或许是对过往的怀想与沉思。爱与恨、悲与欣、褒与贬已不再重要，重要的是，汉口租界已成为这座城市历史文化的一部分，不论我们怀着怎样的心情，不论我们愿意不愿意，也不论我们承认不承认，它都作为一段抹不掉的文化记忆留存在我们城市里，并将伴随我们从今天走向明天。

对于这样一个与我们城市紧密相关的历史文化空间，今天我们所要做的，只是报以深情的回望，进而走近它，去触摸一下那曾经鲜活的脉搏，从中或许可以感知一点历史时光的深邃，领悟一番时势迁移的妙境，感受一些文化变革的玄理，从而累积起文化的自信与从容，去审视我们当下的生活，去面对未来的征程。

怀着这样一种心情，笔者试图对汉口租界作一番系统的探访，本着史家"实证"的原则，全面追溯汉口租界的原委始末与发展兴革的历史过程；尽力观察到一个真实的汉口租界。更多的时候，笔者可能是以一种文化观光者的眼光，将聚焦点更多地投向作为"特殊文化空间"的租界。通过对汉口租界的物质文化景观、社会生活、人口构成、社会行为、社会心态等方面的逐一探寻，力求展示租界作为一个"历史文化空间"的品行与特质，并将租界从"异质文化空间"到"边缘文化空间"的演变过程揭示出来。通过租界这个文化个案，向读者展示两种不同类型的文化从对立、冲突到接纳、融合的互动过程。进而为今人的"文化态度"与"文化立场"提供一个历史的范例——弱势文化怎样去面对一种强势的文化，怎样在一个强势文化面前保持自己的个性与尊严，同时又不故步自封，以开放的胸襟去进行文化创新，在学习、适应、创新的过程中完成文化强弱之间的地位转换。基于这样一种趣味，本书描述的重点是"华""洋"之间、中外之间复杂而多维的互动关系，以"华""洋"关系这根主线串起汉口租界近百年的发展变迁轨迹。

坦率地说，本书不是一部关于汉口租界的历史著述，更非关于汉口租界的"小说家言"，作为一篇有关汉口租界的文化"游记"或"心得"，或许更为确切。书中的观点只是个人的感受，笔者固不奢望读者诸君能认同这些观点，倘能激起读者对汉口租界同样的文化游兴，进而对它作一番深情的打量，则于愿足矣。

周德钧
2008年7月13日写于汉皋

目 录

引言 一段多彩的文化记忆

第一章 开埠通商与租界的辟建 001
一、汉口开埠 001
二、英租界的辟建 003
三、德、俄、法、日租界的辟建 006

第二章 异质空间——汉口租界的文化空间形态 013
一、开埠前汉口的城市空间形态 013
二、汉口租界的道路格局与街区风貌 016
三、作为现代城市社区的汉口租界 027
四、洋行与买办 034
五、弹子房、波罗馆和跑马场 042

第三章 边缘社区——汉口租界的社会结构与社会生活 048
一、汉口租界的人口：数量与结构 048
二、租界生活：一种别样的人生 056
   1. 现代都市生活的发源地 056
   2. "化外"之域：租界里的黄、赌、毒 069
三、各种"异端"与边缘群体的栖息地 072
   1. 革命党在租界的活动 072
   2. "体制外群体"在租界的活动 075
四、多元化与边缘性：汉口租界文化特质综述 079
   1. 人口的多样与文化的多元 079
   2. 边缘文化社区 081

第四章 政治特区——汉口租界的行政管理体制 084
一、传统体制下的汉口市政管理 084
二、汉口英租界的体制架构 087
三、其他四国租界的管理体制 095
四、文明与野蛮之间：租界市政管理体制的简要评述 103

第五章 华洋分界与华洋混融 107
一、"华""洋"的界线 107
二、隔膜与冲突：早期的华洋互动 110
三、从"华洋互市"到"华洋互动" 115

1."华洋互市"的初启与繁盛　115
  2. 买办与教士——沟通"华""洋"的文化中介　122
 四、华洋混融：从熟悉到接纳的文化历程　129
  1. 接纳：从洋货到西式生活　129
  2. 华洋空间的连通　134
  3. 汉口租界中的"华洋杂居"　136
  4. 租界的示范效应　137

第六章　汉口租界的收回与改制　147
 一、顺势而为：德、俄租界的收回　147
 二、德、俄租界的接收经过与善后处置　149
  1. 精心布置，确保外交人员与外侨安全有序地撤离　149
  2. 接管、代管与存管并行，军政设施与商务机构区别对待的接收方针　150
 三、从租界到特区：租界角色地位的演变　151
 四、英、日、法租界的收回　153
 五、日、法租界的"交还"　158

第七章　作为历史街区的汉口租界：整体保护与综合修复——汉口租界历史街区的人文价值及其保护　161
 一、存史、教化、励志：汉口租界的人文价值　161
 二、损毁、侵蚀与衰败：城市化进程中的汉口租界　164
 三、整体保护与综合修复：汉口租界的永续发展之道　169

参考文献　173

　　跋　175

第一章 开埠通商与租界的辟建

一、汉口开埠

说到汉口租界先得从开埠通商说起。

近代武汉的开埠通商始于1861年,约在"五口通商"的二十年之后。

在第一次鸦片战争后,东南沿海五口通商。当时英国欲向中国大肆倾销工业品,结果却很不理想,销路受阻,价格跌落。英国商界认为对华贸易不畅的原因是中国市场尚未全面打开,中国政府把中外贸易严格限定在五个通商口岸。他们谋求的解决办法是"把商业向五个通商口岸以外的地方进逼"。英政府为了实现本国工业资产阶级的这一扩展欲望,一直企图进入中国内地和内河。

江汉揽胜图,图中展现了清代武汉三镇的繁盛景象

1857年4月,英政府指示英国驻华公使额尔金修订与中国订立的条约,"要

求准许在扬子江航行与允许在扬子江两岸通商的权利"。除英国外,美国也谋求在扬子江自由航行的"权利"。第二次鸦片战争以后,以英国为首的西方列强与清廷签订了《天津条约》《北京条约》《烟台条约》等一系列不平等条约,迫使清政府开放长江沿岸的口岸,使他们深入中国内地、全面占领中国市场的图谋基本达成。

在列强入侵长江流域时,汉口成为它们着力经营的战略目标。位居中国腹地中心、九省通衢的汉口,既是外国资本主义控制长江中游与内陆腹地的商贸、交通中心,也是连接长江上下游,沟通南北的市场枢纽。对于这样一个地方,西方列强自然是青睐有加。于是,《天津条约》甫一签订,英国政府就积极谋划汉口的开埠。

不过,汉口的开埠并不顺利,其间经过了一段波折。早在第一次鸦片战争时,就有不少洋商和传教士非法闯入湖北和武汉地区。《南京条约》刚一签订,挪威、丹麦等国就援引五口通商章程,于1847年来汉口从事贸易活动。由于没有条约的明确"保护",来汉口进行商业活动的外商寥寥可数,贸易规模也微不足道。这种情形与他们的初衷相去甚远,故而到第二次鸦片战争时,列强就不约而同地把汉口的开埠提上了议事日程。

1856年6月,清政府分别与英、法代表签订了《天津条约》。条约规定中国开放牛庄、登州、台南、淡水、潮州、琼州、汉口、九江、南京、镇江为通商口岸;准许外商"持照前往内地各处游历"。这样,外国商人就获得了在长江中下游通商和航行的特权,从而将势力向中国内陆深入了一大步。

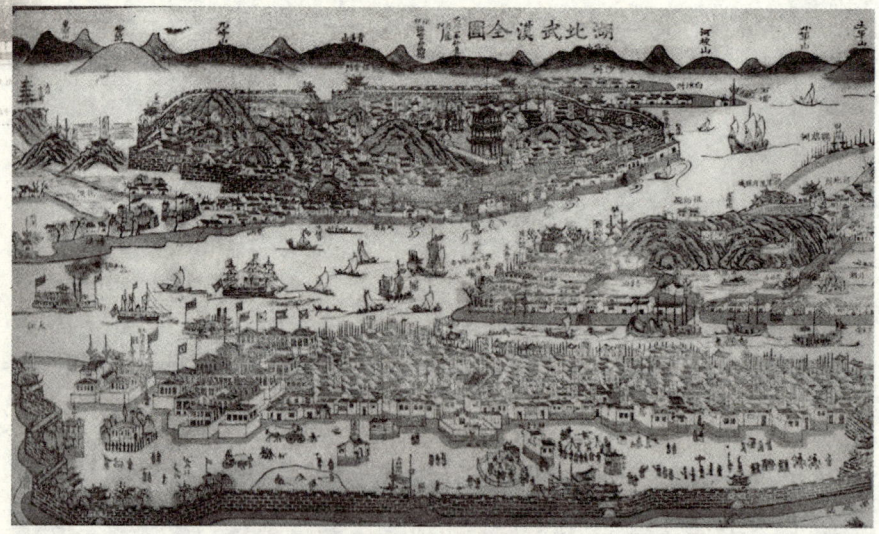

《湖北方志》中的"武汉全图"

1858年11月8日,英国特使额尔金在上海与清政府的代表桂良、花沙纳、何贵清等签订了《中英通商章程善后条约十款》。签字当天,额尔金就率几艘巡洋舰及炮艇从上海闯入长江,沿途勘察航道、水文、气象,制作了精密的航道图。经过近一个月的航行,于12月6日抵达汉口江面。额尔金站在甲板上,用惊异的目光打量着这座处在长江与汉水交汇处的城市,三镇鼎立的巍峨气象、帆樯如林的河面、人流如织的街市,令这位到处闯荡的殖民者惊异不已。四天之后,他会晤了湖广总督官文,如此这般的巡查探访一番之后,额尔金便率舰队折回上海。这次的汉口之行为三年后的正式开埠埋下了伏笔。

不久,英国驻华参赞巴夏礼根据额尔金的指示,拟订了《长江各口通商暂行章程》。该章程规定,英船若执有入江执照,即可上行驶往汉口,并且只在上海完纳关税,就可在汉口与镇江间起卸货物。1861年3月,英国单方面公布了章程,并加以实施。

1860年10月,英法联军攻入北京,逼迫清政府签订中英、中法、中俄《北京条约》。中英《北京条约》除重申《天津条约》中的汉口开埠外,还增加了一些条款,如值百抽五的海关税等。不过条约虽然签订了,并未立即实施。当时清军与太平军战事正酣,长江流域战火炽烈,尚不具备通商的条件。然而,此时英国人已急不可耐了,遂于次年,不惜冒着战火开始了第二次汉口之行。

1861年2月11日,英国舰队司令贺布、驻华参赞巴夏礼率火轮及舰艇四艘、士兵数百人,由上海启程赴镇江、九江、汉口,办理通商事宜。随行的还有上海宝顺行(即颠地行)行主韦伯,英国外交官员威司利及其翻译、随员一干人等。船队分两批先后到达汉口。

3月7日,上海宝顺行(即颠地行)行主韦伯、英国外交武官威司利及其翻译、随员等人先行抵达汉口。次日,威司利等人入省城拜见湖广总督官文,自称由上海来汉,查看地势,立行通商,并在汉口托都司李大贵代觅栈房一所,留下翻译及随员各一人住于栈房,韦伯等人就返回了上海。

四天之后,贺布与巴夏礼等人的船队也抵达汉口,他们随即往见官文,称先来汉口察看地势,建造栈房;领事官将由福建调来,云云。3月20日,巴夏礼擅自在汉口勘察租界界址,21日,与湖北地方当局即藩司衙门正式订立租约,名为《英国汉口租界地约》,确定汉口开埠通商。同年4月,英国首任驻汉领事金执尔到达汉口,设馆办公。汉口开埠后,俄、美、法、德、丹麦、荷兰、西班牙、比利时、意大利、日本以及其他与清廷签订了通商条约的国家援引"最惠国待遇"条款,纷纷来到汉口,设立领事馆,通商贸易。

汉口开埠以后,租界,这个将在汉口今后城市发展进程发挥特殊作用的角色,就此产生了。

二、英租界的辟建

西方列强在中国通商口岸设立租界的做法始于上海。

最初,外商,主要是英国商人的行栈商号,乃至领事馆的馆址都在上海县城,以租住民宅为主要形式。"华洋杂处"的局面持续了几年的时间,后来因为出现了"青浦教案",英国乃借机援引《南京条约》有关租地的条款,在上海县城以北的地方租得一片土地,作为英国商民的居留地。这种独立于中国城市之外的空间,集中了洋行、银行、领事馆等外国政治经济组织,主要居民为外国人,在行政上不受中国政府管辖的地域,时人名之为租界。①

上海的租界之设为英国在中国通商口岸实施并扩大其政治经济特权提供了极大的便利,也为列强在中国其他通商口岸辟建租界提供了现成的案例。鉴于上海的经验,后来英国人来到汉口,将开埠与建租界一并提出,作为汉口开埠的一项重要内容。于是,我们看到,汉口甫一开埠,英国人就开始了租界的勘察、划界与辟建工作,动作之快,超乎其他事务。

从1861年汉口英租界的辟建,到1896年日租界的形成,前后历时三十多年,五国租界作为一个独立的城市空间逐步形成于汉口城区的东北一侧。"华"(汉口老城区)、"洋"(汉口租界)的这种相对分隔的空间形态,既与武汉所处的自然地理条件有关,又与当时华洋当局的政治意图有关。就自然地理条件而言,汉口所在位置土地逼窄、湖泊相间,城垣以内,难以觅得整片的土地,城市用地十分紧张。租界所辟土地,只能在汉口老城以外。

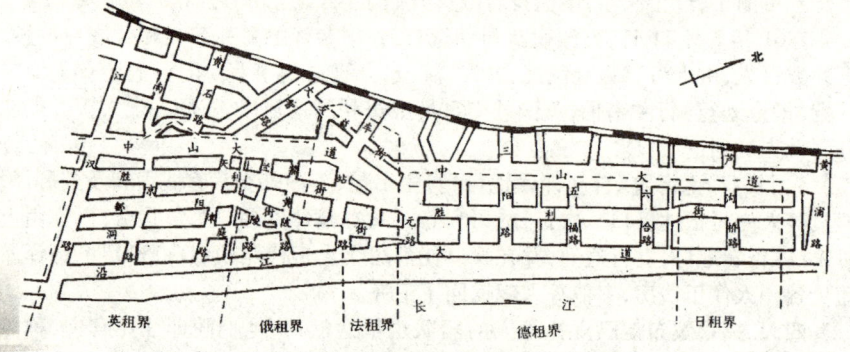

汉口五国租界方位示意图

就当时中、英两国政府的主观意图而言,也都是想将汉口老城与租界分割开来。湖北地方当局对于划定租界本是极不情愿的,只是慑于列强的强权而被迫做出无奈之举,因此,划界最好是远离汉口老城厢,使华洋隔离,免生事端。而对英国政府来说,汉口老城的逼窄局促,难以满足他们辟建租界的政治经济诉求,而汉口城垣以北的滨江地段,开敞平坦,对于将来街市的建设与港区的辟建极为便利。于是英国当局将目光投向当时仍属荒芜、却极具发展潜力的滨江地段。对于英国人提出的这一地界,湖北地方当局自然是没有异议的,因为它在汉口城垣之外,于是双方各遂其意,一拍即合。

1861年3月11日,英国驻华参赞巴夏礼在与湖广总督完成了汉口开埠的有关谈判后,随即会同汉阳县的地方官到汉口滨江一带踏勘丈量地皮,立石为界。次日,巴夏礼到湖北藩司衙门,与湖北布政使唐训方订立《汉口租界条款》。明确规定了英国租借地的地域范围:自汉口江边花路巷往东八丈起,至甘露寺江边卡东角止,长250丈,进深一带150丈,合计458.28亩,"将此地永远租给英国官宪,分为英国商民建造房栈居住之所"。"一切事宜全归英国驻扎湖北领事专管,随

---

① 参见薛理勇《旧上海租界史话》,上海社会科学院出版社,2002年。

时定章办理"。湖北地方当局只收取了象征性的租金,即所谓"地丁银及漕米折银",共92两6钱7分2厘1毫。每年四月由英国驻汉领事交给汉阳县收解。于是汉口出现了第一块租界。因为有上海的成案,条约在文本中明确称这种外人租地为"租界"。自订此条约后,即不准华人在租界内再造房屋、棚寮等。这一区域内"应如何分段并造公路,管办此地一切事宜,全归英国驻扎湖北省领事官专办,随时定章办理"。①

由于长江流域是英国人的势力范围,汉口是长江中游最大的商贸中心,所以英国政府十分重视对汉口的经营。

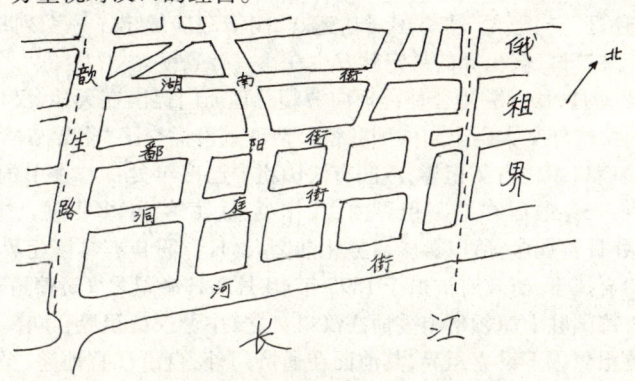

汉口英租界街区方位图(虚线为边界)

1894年甲午战争后,由于中国国势积弱不振和清政府腐败无能,英国一再提出扩展租界的要求。1898年,英国扩展租界的要求终于如愿以偿,与中国地方政府签订了《汉口新增租地条款》,其中规定:"英租界后至城垣留出官地五丈止,南至一马路向城垣直线起,北至俄租界止,所有四址以内全行租与英国政府归入租界。"新扩的这块土地面积达337亩,年租金67两4钱5分2厘。然而,野心勃勃的英国人并不以此为满足,他们得陇望蜀,伺机扩张。1901年,英租界工部局总办米勒与汉口地皮大王刘歆生私下协议,将刘歆生在英租界北面的一片洼地买下,经填埋平整后修筑了扬子街、歆生路两条马路。这样一来,英租界进一步扩展到西靠墙(今中山大道)、南至太平街(今江汉路江边至鄱阳湖街段),其部分土地已楔入到了汉口华界。此外,英商怡和洋行还越界修筑了渣甸路(今解放公园路),又在这条路的西南角买下一块地皮,修建了怡和村,作为英租界界外的一块"飞地"。

1907年汉口城垣拆除后,英租界当局即在租界两侧筑砖砌铁栅围墙,其中的一段还越界伸到城马路处(今中山大道)。通向英租界的轻便铁路也筑起铁门,除在今大智路开一处较大路口外,其余街口仅留一小缺口。在歆生路派遣巡捕站岗,收取巡捕捐。在繁华的前后花楼街口(今沿江大道、黄陂街、花楼街)也筑有三个铁门,平时不准中国人随意进出,遇到他们认为的紧急情况,便随时关闭,断绝交通。

---

① 王铁崖《中外旧约章汇编》,第一部,第145页,三联书店,1957年。

几次扩界以后,英租界的面积达795.33亩,①成为汉口五国租界中面积最大的租界。

三、德、俄、法、日租界的辟建

德租界是继英租界之后西方列强在汉口建立的第二块租界。

1895年中日甲午战争中国失败以后,清政府被迫签订了《马关条约》,将台湾、澎湖列岛和辽东半岛割让给日本。西方列强,尤其是俄国对日本在远东势力的急剧膨胀心存不满,遂联合法、德向日本施压,要求其退还中国辽东半岛,此即"三国干涉还辽"。俄、德、法等国居功邀赏,向清政府提出了一系列扩大在华权益的索求。汉口德、俄租界的划定就发生在这一背景下。

1895年9月,德国驻华公使绅珂向清朝总理衙门提出在天津、汉口划定租界的要求;同时,德外交大臣也向中国驻德公使许景澄提交了"租界节略"。其中声称:"中国通商口岸之有英租界,或间有法国租界已多年矣。""在中国之德商,因无本国租界,未免散居在他国租界内,几作英、法寓客,事多不便。中德商务日广,不便之处日益加多,所以德国商务相涉诸人,日夕盼自有本国租界也"。在德帝国主义的要挟下,清政府被迫于1895年10月3日命湖北汉黄德道兼江汉关监督瞿廷韶与德国驻上海领事施妥博在汉口订立《中德汉口租界合同》。规定:"在汉口市场英租界以下设立租界,其前面在通济门外,自沿江官地起,至李家冢,计长300丈,深120丈,共占地600亩","永租与德国国家,由德国官员尽速将地基从华民租给洋人。""华民每年原纳钱粮共银120两3钱2分德国领事照纳此数,每年四月送交汉阳县查收汇解。"《合同》还规定,"租界一切事宜归德国领事按照本合同及后订章程办理。界内,华民不准居住。"②

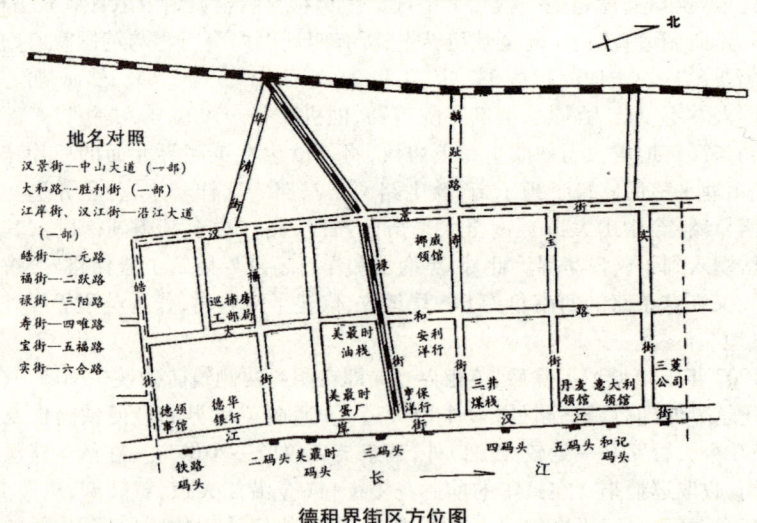

德租界街区方位图

---

① 武汉地方志编纂委员会主编《汉口租界志》第34页,武汉出版社,2003年。
② 王铁崖《中外旧约章汇编》第一册,三联书店,1957年。

得到以上大片租界地域，德国仍嫌不足。1898年5月，其驻汉领事数次向汉黄德道兼江汉关监督瞿廷韶交涉，要求将通济门外原留出的空地及后段空地，计深120丈、前宽12丈5尺、后宽25丈的整片土地，一并租让给德国，德国则将租界北面江边的三块地皮退还中国。瞿廷韶见德国人执意索要，且正在胶州湾挑起事端，唯恐又生枝节，乃答应了德国领事的要求，在这一年的7月11日，瞿廷韶代表湖北地方官厅与德国驻汉领事修订汉口租界界地，并画押存案。经过此番"修订"，汉口德租界的范围得以扩展，形成南起今一元路，北至今六合路下，东抵江边，西抵今中山大道一带，共计636.83亩的地域。

租界范围虽已划定，德国人仍想进一步向西扩至京汉铁路附近。湖广总督瑞澂为了杜绝德国人对铁路沿线的觊觎，就在华景街(今中山大道)与德租界毗连的一片荒土上修筑了一条灰石马路，并设警察岗哨加以守卫，德国租界向西扩展的行动遂未得逞。然而，德国人心有所不甘，十几年以后，当华景街发生火灾(时在1916年)，德驻汉领事旧事重提，借口火灾直接威胁德租界安全，要求将华景街划入德租界，由德国负责该区域警权。如中国不允许，即在租界边沿建筑围墙。当时的湖北督军王占元派交涉员吴仲贤等先后与德领事交涉，德国仍无理坚持原议，吴仲贤被迫与德领事签定草约，准备让出华景街的警权。不料，消息一经传出，全市大哗，汉口各界一面联合上书督军、省长、国会参众两院，一面派代表上京，面见当时的大总统和国会议院，要求废止与德国领事签订的草约，力争主权。北京政府见舆论压力很大，乃电令湖北督军王占元亲自与德国领事进行谈判。1916年10月，慑于汉口民情汹汹，德领事被迫放弃了在华景街设警的无理要求。

一年之后，德租界被中国政府收回。

汉口是中国内地，尤其是湖南、湖北、江西、安徽四省茶叶的集散地，汉口与俄国的茶叶贸易可谓是由来已久。俄国茶叶商在汉口收购茶叶，为便于储藏运输，俄商在武汉周边的产茶地还设立了砖茶厂。砖茶厂将茶叶筛拣干净后，经蒸气加热，再用木制平压机手工压制成茶砖，其中尤以羊洞

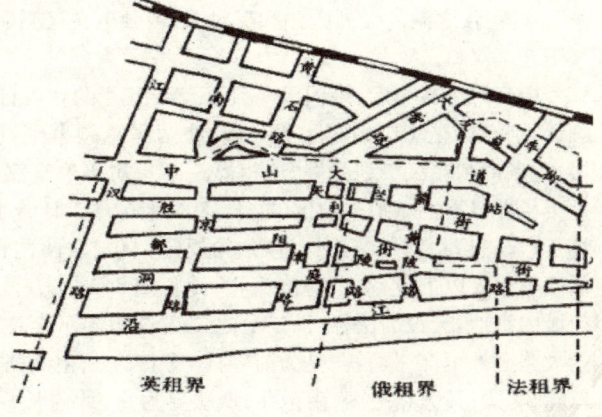

俄、法租界示意图

楼一带的茶砖制造最负盛名。大量的茶砖由汉口溯水运抵樊城后，改由陆路，或西运新疆进入中亚、西亚，或北运张家口外蒙边境的恰克图，再输入俄国各地。由于销量巨大，砖茶的贩运销售，往往获得巨大利润。许多俄国商人对进入中国

内地，特别是汉口和两湖一带收购茶叶，简直是梦寐以求。①

1861年汉口开埠以后，英、法、美诸国商人纷至沓来。在此已经经营多年的俄国进一步加强了自己的贸易地位。这年的七月，俄国驻沪领事夏德尔宣布自兼镇江、九江、汉口领事，在汉口领事馆设立之前，先委任美国驻汉领事惠士林代理俄国在汉通商事务。1869年，始在汉阳设领事馆。俄国商人先后在湘鄂两省的产茶地设立茶厂，制造砖茶，以便扩大茶叶的销售，垄断以汉口为中心的茶市。他们以较高的价格收购较好的茶叶，监制砖茶生产也较认真，因而压倒了英商和华商的竞争。后来他们将羊楼洞的茶厂迁往汉口，在英租界附近开办顺丰砖茶厂，雇佣工人八九百人，将手工压制转变为蒸气压制。每年产砖茶15万筐，约200多万斤。这是汉口第一家采用近代技术的工厂。为方便砖茶出口，顺丰砖茶厂还在江边开辟了专用码头，成为汉口第一个工业专用码头。在顺丰砖茶厂之后，俄国商人于1866年和1877年分别在汉口英租界及其附近开办了新泰砖茶厂和阜昌砖茶厂。到1895年，由俄商垄断的汉口砖茶贸易每年输出总额达800万海关两，占全国茶叶输出量的66%。②

鉴于汉口在俄国对华贸易中的重要地位，俄国政府一直谋求在汉口设立租界。1891年俄国驻汉领事曾要求划汉阳梅子山一带为租界，为中国政府所拒绝。1893年，俄国领事书思齐仍私自在汉阳向平民金鉴堂等购买梅子山基地。这块地坐落在汉阳西关外，不在条约所规定的通商范围，此事为湖广总督张之洞所悉，明确表示反对，张之洞指示汉阳县的地方官，说，"外国人在内地置买私产，与条约不符，应行禁止。"张接着还指示说，俄国领事"不得在此置产建屋，致违约章。所请盖印管业一节，应毋庸议，仍勒令金鉴堂等退价销契。该民人私行卖地与外国人，并不照章先行报明地方官请示，尤属谬妄糊涂，应行严惩，以儆效尤。"③在张之洞的强烈干预和反对下，俄领事在汉阳购地未果，于是将领事馆从汉阳迁至汉口。

中日甲午战争后，俄国以"三国干涉还辽"的功臣自居，寻机向清政府索取报酬，特别索要在汉口划定租界。俄、法两国总领事到汉与江汉关监督瞿廷韶会谈，重点谈判在汉口划分俄、法租界一事。初步确定汉口俄、法租界的大致范围是英租界以下的城垣内地区，并于1896年6月2日分别与湖北地方行政当局签订了《汉口俄租借地条约》。该条约规定："俄、法两国租界，现议在长江西岸，汉口镇英租界以下，沿江至通济门止，计长288丈，以三分之一由俄租界下至通济门城内官地止，设为法界；以三分之二由英租界下至法租界止，设为俄租界。此指大路之外至江岸而言，是为前界，计长192丈，由大路至江岸，南首除106丈，北首除37丈；其大路之内，南至北，抵法界为止，计前长94丈，后长116丈；由大路至城垣官地为止，南首除83丈，北首除106丈5尺，均已勘定竖立界石。又俄国租界共合地414亩6分5厘每年应纳租价，即系地丁漕米银两……共银83两8

---

① （美）艾梅霞《茶叶之路》，中信出版社，2007年。
② 参见《武汉市志·对外贸易志》，武汉大学出版社，1996年。
③ 见《张之洞全集》第九册。

钱4分2厘。于每年四月由俄国领事馆送交汉阳县查收汇解,将此地永租与俄国,其租内一切事宜,归俄国领事馆按照后定章程办。"条约还规定:"俄国永租地基,所有华民地段,从立据画押之后,不准出售,暂租他人;只可永租俄国政府。此地价值由中国地方官与俄国领事官商量公平议价,以一年之期全行永租俄国政府。""不准华民在租界之内建造房屋并居住。"①

按上述章程,俄、法两国租界交错在一起。俄租界上至界限路(今合作路),与英租界相邻,北枕后城马路(今中山大道),南抵江边,下至今黎黄陂路与黄兴路之间,抵今洞庭街后再往下行,直至今车站路再折向江边。面积共计414.65亩。

德租界江边景致

根据《俄租借地条约》,界内华人地产只准俄国人按限价租赁。但界内华人业主留恋自己的家园,不愿交出房屋地契。俄国领事多次严催汉阳府县官员督办,业主都拒不听命。俄国领事再度强迫江汉关监督瞿廷韶重订条款,规定:俄方一次将地价、房屋拆迁重费交付汉阳县衙,汉阳县当局则强制俄租界内的各业主按期交出地契,陆续办理永租手续。

俄租界划定后,租界当局为防止"华洋相杂"的局面,在租界的西北边缘地带筑起了一道围墙,从合作路起沿中山大道至黎黄陂路口,堵绝行人交通,仅留一大一小两个出口,围墙以北当年还是一片荒地,所以在后来英、法、德等国纷纷提出扩界要求时,俄国租界当局没有提出类似的要求。

汉口俄租界是俄国在中国辟建的第一个租界,因此,它在俄国的对华关系中具有某种特殊的地位。

第二次鸦片战争后,法国取得了与英国相埒的权利。随着汉口的开埠通商,法国商人紧随英国人,联翩而来,在汉口从事进出口贸易活动。为了在汉口这个中国内地的市场枢纽占据一个重要位置,法国政府也循例向湖北地方当局提出了在汉口划定租界的要求。经过几番交涉,1865年,法国人从中国政府那里获得了英租界以下城垣内(即上起合作路下至一元路城墙内)土地的承租权。不过,那时法国

当年俄租界的高级住宅区

政府内外交困,国内的巴黎公社革命汹涌澎湃,国外对安南和中国西南地区的侵略也在加紧进行,法国政府已无暇在汉口采取实质性的行动。此时所租下的这

---

① 王铁崖《中外旧章约汇编》第一册第648~649页,三联书店。

片土地还没有签订正式的契约。据 1893 年~1897 年担任驻华公使的施阿兰回忆，法国虽然据有这片土地，但有名无实。在此后三十多年时间里，这片土地除了俄国人兴建的两处砖茶厂，以及英、俄、比等国侨民的零星居住点外，基本上是一片荒郊。法国人在这里修建的唯一、但却是最重要的建筑是法国领事馆。

汉口法租界的实质性进展是在甲午战争以后，由于俄德法"三国干预还辽"，法国以"还辽"之功，不断向中国索取权益。首先它先取得了同登至龙州铁路的管理权，接着插手拟议中的京汉铁路。在谋求垄断京汉铁路的建筑与管理权的要求被拒绝之后，法国又与比利时联手组成所谓银行团，企图垄断对京汉铁路的贷款权。同时加紧汉口法租界的辟建。

1896 年初，法国驻华公使施阿兰与俄国驻华公使喀尔尼就汉口租界的划分达成意向性协议，并各自征得了本国政府的同意。协议的内容包括，把沿长江长约 1 公里、宽 350 米的原来议定的法租界区域之三分之二沿河马路让俄国使用。这一协议得到清朝总理衙门的认可。1896 年 4 月，法国与俄国一起派总领事与江汉关监督瞿廷韶商谈划定法、俄租界地域的事宜。并在 1896 年 6 月 2 日，由法国驻上海的总领事、俄国驻天津领事与瞿廷韶签订了《汉口租界租约》和《汉口俄租借地条约》，成为确定法、俄租界的最后法律文本。①

《汉口租界租约》规定，沿江岸上起俄租界（今黎黄陂路），下至德租界通济门止（今沿江一元路东段），其四至界限大体为，北起中山大道，沿黄兴路上首穿越胜利街，经黎黄路下首洞庭街至车站路上首直达江边。共计 187 亩。在这一范围内，"法国开办租界，应照别国永租地基章程，于契约内均写永租字样，由汉阳府县查勘明确，税契盖印，以昭信守。并照别国租界章程，不准华民在租界内同住。""租界之外由通济门内城墙迤东至江边，留出官地十一丈，其城墙迤西一带，留出官地五丈，作为大路之用。除应修建公所之外，不准民人搭盖棚屋等项。"在汉口开辟的租界中，法租界面积最小，但距离在建的汉口大智门火车站最近，后来因此成为最为繁华喧闹的场所。

法国对汉口租界的扩界与经营一开始就是与京汉铁路的修筑联系在一起的，大智门车站的兴建与粤汉码头的修筑令法国人"兴奋不已"，同时它为法租界的拓展埋下了伏笔。1902 年，京汉铁路漯口到广水段开通，法租界背后的大智门车站也在建设中，法国人便打起了车站附近土地的主意。这一年，法国以英国拓界为由，要求援例扩大租界，清政府被迫应允。同年底，汉黄德道兼江汉关监督与法国驻汉领事玛玺理签署《汉口展拓法租界条约》，把法租界向西推广到城堡以外距京汉铁路仅 60 丈的地方，所有城垣内外约 19 丈官地免征地价，其余每年每亩纳地丁银 1 钱 1 分 7 厘，漕粮 2 升 8 合 4 勺。这片新拓展的租界包括现在的长清里、德兴里、庆平里、三德里、海寿里、复兴街、如寿里以及车站路到黄兴路之间的一段。为了使法租界进一步靠近汉口大智门车站，法租界当局乘中国政局混乱之机强占了黄兴路西段和黄兴路口（磨盘）以北的友益街全部，一步步向大

---

① 武汉市政协文史委员会编《武汉文史资料（租界专辑）》1991 年第四辑（内部发行）。

智门车站逼近,两者相距仅有咫尺之遥,自此法租界的总面积达到492亩(一说是485.69亩)。①

在甲午战争后签定的《马关条约》中,清政府被迫割让台湾、澎湖列岛、辽东半岛给日本,还向日本开放苏州、杭州、沙市、重庆四个通商口岸,并允许日本在中国内地设厂。按此前同类条约之惯例,向日本开埠通商的口岸,便等于允许日本在此"租地建屋,居住贸易",换言之,日本取得了在这四个商埠设立租界的特权。

但日本政府并不以此为限,日本全权代表、驻华公使林董借口清政府要对外国制造商在内地办厂征收10%的制造税,强迫清政府再增辟天津、上海、厦门、汉口四个专管租界,并以拒绝批准通商条约、拒绝从威海卫撤兵相威胁。清政府不敢违拗,只得派荣裕、张荫桓等人与日方交涉,并于1896年10月19日,与林董签订《通商口岸日本租界专条》,又称《公立文凭》或《通商公立文凭》。其中规定:"除设通商口岸,专为日本商民妥定租界,其管理道路及稽查地面之权,专属该国领事。""日本政府允许中国政府任情酌量课机器制造货物税饷,但其税饷不得比中国臣民所纳加多,或有殊异。中国政府亦允一经日本政府咨请,即在上海、天津、厦门、汉口等处设立日本专管租界。"②

根据这个条约,1898年7月16日,日本驻上海总领事小因切万寿与汉黄德道兼江汉关监督瞿廷韶、汉阳府补用知府钱守恂签订了《汉口日本专管租界条款》,其中划定了日租界的界限:从德租界北首起,沿江下行100丈,东起江口,西北均至铁路边,这一区域为汉口日租界的基本范围,面积247.5亩。每年缴纳地丁漕米银50两。由日本驻汉领事每年四月交汉阳县查收汇解。条款还规定:汉口日租界除自动享有其他租界已有的行政司法警察征税权利外,并可一体均沾其他外国租界今后新从中国获得的任何政治经济特权。③

与其他四国租界一样,《汉口日本专管租界条款》规定:"界内凡日本商业、工业,均可在此照章租地,建造屋宇、栈房。日本商、工人向华民业户租地,应偿租价,须照三年以内相等地基价值公平酌定。""凡界内华人的房屋土地,在与日本办理租、卖时,不得抬高价格。租界内准许殷实华人居住经商,无身价之华人,一律不准居留。"条款还特别注明,鉴于日租界"界址过于狭窄,将来商户盈满,可向丹水池以下扩充"。这样,日本不仅在中国取得了建立租界的特有的最惠国待遇,并且在租界设立之初就为日后的扩界预备了张本。

随着京汉铁路的全线通车年,铁路两侧逐渐繁荣起来。日本驻汉总领事水野幸吉极其看重武汉在中国的经济中心地位,并将汉口称为"东方芝加哥",④他极力鼓动日本势力向汉口全面渗透,并援引1898年《汉口日本租界专管条款》所

---

① 武汉市政协文史委员会编《武汉文史资料(租界专辑)》1991年第四辑(内部发行)。
② 王铁崖《中外旧章约汇编》第一册,第686页,三联书店,1957年。
③ 王铁崖《中外旧章约汇编》第一册,第686页,三联书店,1957年。
④ 水野幸吉《汉口:中央支那的那些事情》。

汉口的租界

订立的"日本可以向丹水池以下拓展"的条文，从1906年起，就不断向湖北地方当局提出交涉，要求将汉口大智门车站毗连铁路靠近德日租界的千余亩土地租给日本，作为日本的新租界。汉黄德道兼江汉关监督不敢擅自做主，便呈告给湖广总督张之洞定夺。张之洞认为这块土地面积过大，

上世纪初汉口日租界的街景

又靠近大智门车站和铁路沿线，事关国家经济与政治安全，坚决不同意租与日本。水野幸吉转而要求向丹水池以下扩展，于1907年2月7日与江汉关监督桑宝签定了《中日会订推广汉口租界条款》《扩张汉口日本居留地决定书》，将日租界的北界沿江下移150丈，新增面积375.25亩。经过这次扩展，日租界面积大增，其范围东抵长江，西靠铁路，南在今六合路一带与德租界相邻，北至今刘家祺路以北、麻阳街以南，总面积达622.75亩，仅次于汉口英租界，居汉口五国租界的第二位。

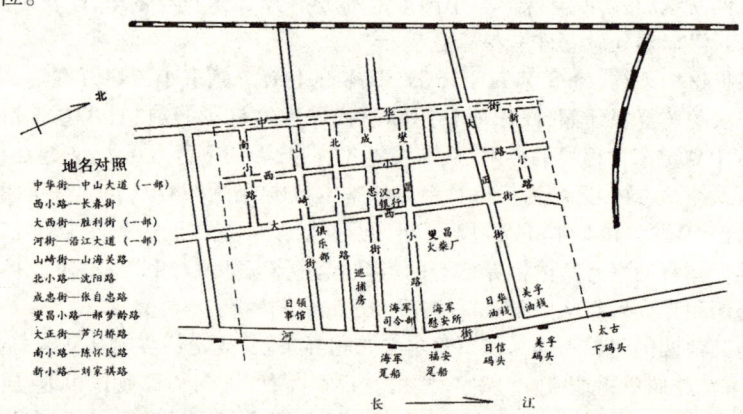

汉口日租界示意图

汉口五国租界面临长江，背靠京汉铁路，整个区域呈长方形，租界虽分属各国，却相互毗连，通过河街等三条南北向大街把五个相对独立的空间连接起来，使之成为一个整体。绵延近4公里的河街，外侧是绿草如茵的江滩，江滩外是外国洋行修建的设施先进的外贸码头，中外轮船穿梭往来，一派繁盛的景象。河街以内是租界的主要街区，里面有数十条纵横交错的街道，各国的领事馆、工部局、洋行、银行、商店、波罗馆、酒吧等散布其间，近二十个国家的商人和侨民住居在这里。在当时，这里是中国内地规模最大的外国人"居留地"，在全国通商口岸中，汉口的租界规模仅次于上海、天津，居全国第三位。

外国人绘制的武汉三镇地图，图中黑线所标明的就是汉口"五国租界"的范围

第二章 异质空间——汉口租界的文化空间形态

租界是一个"别样"的地方。

它不仅在空间位置上与汉口老城厢割裂着，在街区的布局、建筑的式样、城市景观风貌等方面也与汉口华界迥然不同。在这个"别样"的地方居住着一群"别样"的人，不仅在肤色相貌上与汉口市民差别很大，而且在行为方式、活动方式等方面也与汉口人熟悉的生活相去甚远。

从文化社会学的角度看，租界是一群"别样的人"生活的一个"别样的地方"。

租界，特别是最初的时候，仿佛是附着在汉口老城厢旁边的一块"飞地"，一个完全不同于汉口老城区的异质文化空间。

一、开埠前汉口的城市空间形态

在租界辟建以前，汉口是一个传统的商业城市，城市生活、城市景观都带有浓郁的中国传统农业社会的特色。

明中叶以前，武汉一直是武昌、汉阳双城并峙的空间格局，那时并无汉口镇。今天我们熟悉的汉口当时还是一片空旷的河滩，四周芦荻丛生、人烟稀少，一派萧索之状。每年夏秋水涨之时，滩头就成了一片汪洋，水退后长满了苜蓿之类的野草。明成祖永乐二年（1404年），荒滩上出了个塞口寺，明英宗天顺年间（1457～1465年），荒滩上才有了零星的几户人家，然而，几十年以后，这里发生了一次水文地貌的重大变故，史籍上称之为"汉水改道"，而这一水文变故竟带来了一个令人意想不到的后果，一座在

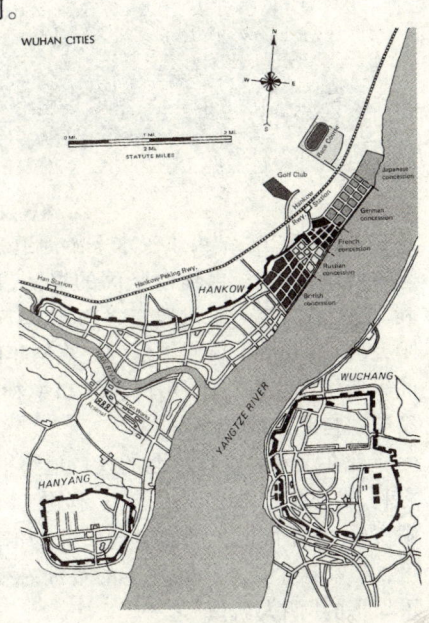

武汉三镇及汉口租界空间分布图
（其中彩色部分为汉口五国租界）

中国近现代史上熠熠生辉的城市——汉口,从此横空出世。

清代汉口河街、正街商铺林立的繁盛景象

发源于陕西省宁强县大巴山系的汉水,自西北向南流入湖北境内,全长1497公里,是长江最大的支流。今天我们看到它的主河道从武汉市汉阳区龟山北麓注入长江,在五百多年前却并非如此。那时,汉水下游有众多的入江口,今天汉阳南岸嘴的入江口只是其中之一,且水流量、河道的深度与广度都不是现在的面貌。大约在明朝成化年间(1465~1470年),汉水下游连年大水,堤防多次溃口,使汉水下游的水文形势发生了一次重大的改变,其他入江口逐渐淤塞,形成了一个稳定的主河道入江口,汉水流至汉阳县西排沙口、郭茨口间集中水流,径直东下,经龟山北麓注入长江,形成今天我们看到的景观。

清代汉口的码头

"汉水改道"结束了汉水下游河道游移不定的历史,新水口两岸地势开阔,港湾水域条件良好,再辅以坚固的堤防,这里很快便成为"占水道之便,擅舟楫之利"的天然良港。汉水改道之初,水口南北两岸皆称汉口,后来,水口南岸仍称汉阳,汉口则专指水口北岸地区。嘉靖年间(1522~1566年),汉阳县衙在汉水南岸的崇信坊设立汉口镇,后改设汉口巡检司,清康熙时期巡检司由南岸移至北岸,汉口镇自此形成。①

处在汉水入江口以北的汉口地势平坦开阔,港湾优越,一经形成便占有舟楫之利,沿河集市随之而兴,加上地处江汉交汇的优势,通过长江、汉水又连接洞庭湖水系,显露出巨大的航运与商业的潜力,于是乎,在随后不到一个世纪的时间里,汉口,这个原本芦苇丛生的荒洲一变而成为人烟稠密的市镇,再变而成为名重天下的"四大名镇"之一。

---

① 参见皮明庥主编《武汉史稿》,中国文史出版社,1992年。

明万历年间，汉水北岸的河滩形成了码头，紧邻码头的沿河一带随之形成了街市。参差不齐的吊脚楼，鳞次栉比的店铺、行栈，往来如织的人流与嘈杂的喧闹声构成早年汉口繁盛的景象。明崇祯八年（1635年），袁公堤筑成后，汉口水患大大减少，商业更加繁盛起来。随后又沿汉水修建了宗三庙、杨家河、武圣庙、老官庙、集稼嘴等码头，河街已不能满足商业发展的需求，于是紧靠河街的正街便形成了。①

汉口最早的城区沿着汉水入江口的北岸蜿蜒伸展，以汉正街为轴心

清代汉口港，汉水两岸帆樯如林的景象

明清时期，汉正街一直是汉口最繁华的商业街，也是当时汉口城区的轴心。它上起桥口，下接花楼街，与汉水及河街平行，到清中叶已是"廿里长街八码头，陆多车轿水多舟"的全镇第一商业街了。整条街道商店鳞次栉比，居民"蜂钻蚁聚"，"曲巷小口通道，辄十室之众纷然杂处"。"坊巷街衢，纷歧莫绘"。②

清末汉口帆樯如林的繁盛之状

汉正街犹如一根竹竿，将扫帚状的汉口镇

---

① 参见皮明庥主编《武汉史稿》，中国文史出版社，1992年。
② 引自范锴《汉口丛谈》。

区贯穿起来了，其他众多的街道巷陌都由此分权生长出来。根据地方史乘的记载，汉正街的周围共有街道 23 条、里巷 64 条，它们共同构成汉口早年的商业中心，也构成老汉口城区的主体。至清朝嘉庆、道光年间（1796～1850 年），汉口市区已经突破袁公堤的限制，从上下 15 里扩大到上下 30 里。张公堤修筑以后，汉口的中心城区开始向沿江方向推移，六渡桥、黄陂街、统一街、花楼街一带成为新的商业中心，城区的空间在一步步扩大，至清末民初之际，汉口城区面积已从 11.5 平方公里增加到 28 平方公里。

汉口从明中叶形成市镇到 19 世纪中叶成为"天下四聚"的大商埠，其城市空间的拓展具有以下几个明显特征。

其一，汉口完全是"自然之赐"，在以政治军事为主要动力的中国古代城市发展模式里，汉口是一个明显的例外。它因水而兴、因商而盛，是特定自然人文地理环境综合作用的结果，而与政治因素并无太大的关联。

其二，正是由于它的形成是"自然"的，而非"人为"的，因而在城市的空间形态上突破了一般中国封建社会城市"政治轴心""方正居中""城池环绕"的空间布局模式，沿汉水（后来延及长江）岸线向外呈扇状自由展开。汉水的弯曲以及湖泊的散布使汉口城区形状很不规整，像一把倒卧的扫帚，时人谓之"倒帚状"。在方方正正的古代城镇中，汉口显然属于一个"另类"。

其三，毫无"章法"的汉口城区没有严格的功能分区，整个市区以商业为唯一功能，街道为商而设，街区除了商铺行栈，就是会馆公所、茶楼酒肆，居民多为商贾，居民区与商业区混杂相处，政治机构与文化机构在这里被"边缘化"，在城市的空间布局中，商业组织以及与商业活动相关的一切组织机构占据着中心的位置。在中国古代城市的规划建设中，像汉口这样凸显商业功能的城市并不多见。

其四，基于以上的原因，汉口的空间结构与城市功能既带有自身鲜明的特点，又带有明显的缺陷，街狭人稠，空间逼窄，城市空间布局较为凌乱，缺乏合理完备的功能分区，城市公共空间发育极不完善。

由此说来，前近代的汉口，既是一个繁盛的商业都会，一个喧嚣的市镇，也是一座凌乱的城市。

而 1861 年的开埠通商与英租界的辟建，使汉口的空间形态与城市风貌发生了巨变。在汉口的东北方向，一个新的城区，与老汉口相对隔离的、风格迥异的城区矗立起来了，它不仅在空间上与汉口老城相对分隔，而且在文化面貌上与前者大异其趋，一个异质文化空间就矗立在汉口的身旁。

二、汉口租界的道路格局与街区风貌

这是一块临江的长方形地段，位于汉口老城的北端。

汉口租界区面临江，背后临近京汉铁路，整个街区呈带状结构，这个所谓的五国租界虽各有统属，但相互毗连，三条南北向的大街把它们连接起来，使之成为一个整体。沿江呈南北走向的纵深长约 3600 米，东西宽幅约 600 米，空间面积约 2.2 平方公里。按地理位置由南向北，依次分布着英、俄、法、德、日五国租界。

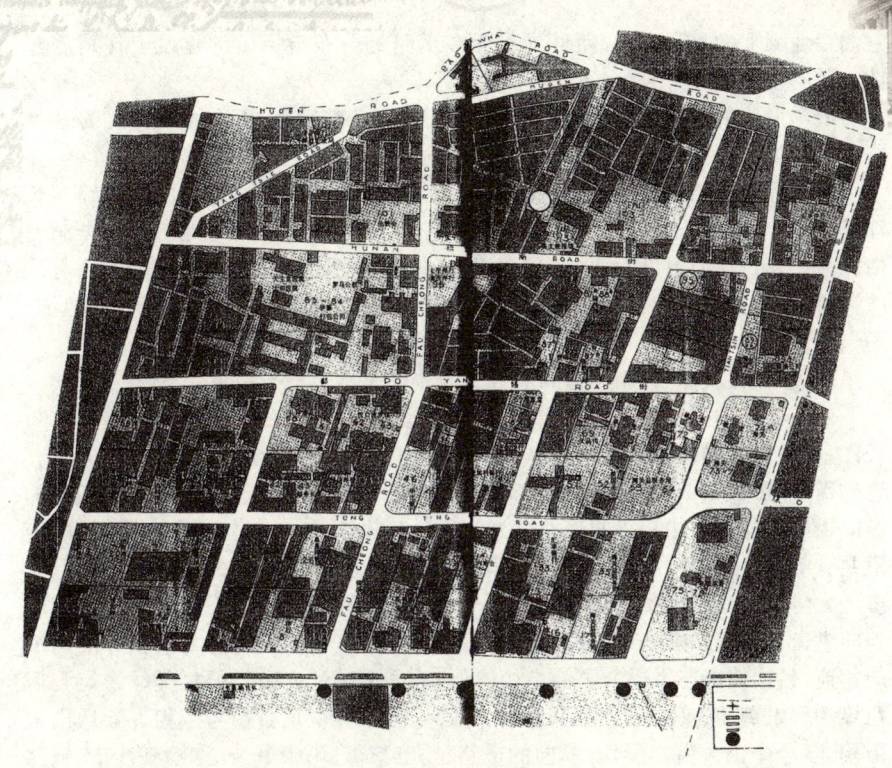

英租界的街道分布

绵延近4公里长的河街,外侧是绿草如茵的江滩,江滩外是轮船林立的码头。与河街平行的干道纵贯其间,与河街及南北向干道垂直地分列着一系列的横街,干道与横街之间分布着众多的洋行、商店、银行以及租界内的市政管理机构,西北面紧临华界的商业中心之地——中山大道,从南到北修起了一道围墙或栅栏,在各繁华路段设立门闸,定时开闭,使租界形成一个相对完整而独立的区域,自成一体,闹中取静。

汉口租界区的南面与老城区相邻,主要地域濒临长江,西北面紧靠正在兴建的京汉铁路,地理位置极佳,加之地势开阔平坦,很快就建成为一个具有滨江港埠特色,独擅通江达海之利的新型城区。

虽然汉口五国租界开辟的时间先后不一,风格特色也各不相同,由于

20世纪初俄租界江岸的景象

它们在地域上的相互毗连，使五国租界在道路的分布与街区的建设上保持着整体一致的格局。

最早形成的英租界，其道路系统奠定了后来整个租界区道路街区的基本格局。

英租界道路结构近似方格状的菱形，纵向道路与长江平行，横向的道路与长江呈72°交角。纵向主干道有五条，分别是河街（今沿江大道）、领事街（今洞庭街）、鄱阳街、湖南街（今胜利街）及湖北街（今中山大道一段）。横向的道路有八条，分别是歆生路（今江汉路）、怡和街、阜昌街、华昌街、吉祥街、北京街、天津街、扬子街。

俄、法租界及德、日租界道路的分布与走向基本上与英租界保持着一致。

俄租界内的道路也是呈方格状，纵向的道路与长江平行，横向的道路大体与长江垂直，只是局部略有不同。纵向街道有四条：河滨街（今沿江大道）、鄂恰街、玛琳街（今胜利街）、亚历山大街（今中山大道一段）。这四条街道都与英租界的纵向街道相连接。法租界的道路规划与街区建设至20世纪初基本定型，界内街道共有12条，纵向的道路为河街（今沿江大道一段）、吕钦使街、德托美领事街、霞飞大将军街。这四条大街基本上与长江平行，另有两条与长江呈一定角度的斜向纵街，即：亚尔隆兰尼省街、玛尔纳得胜纪念街。其中，河街与俄租界的河滨街相连，吕钦使街与界内的鄂恰街相连（成为今天的洞庭街），德托美领事街与俄租界的玛琳街相连（构成今胜利街的一段）。亚尔隆兰尼省街与俄租界亚历山大街相连（今中山大道一段）。横向的道路是：巴黎街、玛领事街、克勒满沙街、铁路街、福熙大将军街、威尔逊路。

德租界的整个区域都在汉口城垣之外，用地更加自由，因此街道的设计建设更为方正规整。界内由九条相互垂直交叉的街道所组成，构成方格状道路网络。平行于长江的街道有三条，分别是河岸街、中街、后街（或称汉景街）。其中河岸街与法租界的河街相连，汉景街与法租界的亚尔隆兰尼省街相连。横向的街道有六条：它们都与长江垂直，分别为皓街、福街、禄街、寿街、宝街、实街（1917年收回后改为一元路、二曜路、三阳路、四维路、五福路、六合路）。

日租界街道有14条，其中五条与长江平行，分别是河街、东小路、中街、西小路、平和街。另有一条纵向街道大和街，与中街相连。八条横街与之垂直，分别为南小街、山崎街、北小路、成忠街、夑昌小路、中小路、大正街、新小路。①

德租界的河岸街的街景

---

① 参见武汉市地方志编纂委员会主编《汉口租界志》与《武汉地名志》。

五国租界在街道的规划建设上保持着彼此的贯通，在堤防的修筑上也保持了一致。为了防范长江洪汛，英租界当局于1865年修筑了一道堤防，以护卫英租界的滨江地段。19世纪末至20世纪初，俄、法、德、日本租界也先后在各自的滨江地段修筑了堤防，五段堤防连缀成一条3公里多长的沿江干堤，把英、俄、法、德、日五个租界连为一体。

汉口日租界的街道

清末民初之际，这个处在汉口城厢北边一侧的租界区已显现出"别样"的风貌。它的整个空间形态显示出近代欧洲城市规划的气象，观之令人耳目一新。最初，租界的道路多为碎石及灰渣铺就，后来逐渐翻修为柏油马路。道路的两侧开挖附有盖板的排水明沟，埋设了铸铁管的水道。主要街道一般宽12米左右，最宽者15米，远较汉口老

汉口租界笔直的河街与宽阔的江滩

城的街道宽敞。道路两旁的房屋楼宇一般都向后缩1~3米，留出了足够的公共空间，使街道愈加显得宽敞通畅。

租界的道路街区与汉口老城有着明显的差别，建筑景观更是迥然不同。从今天汉口天津路与胜利街交叉的路口往江边方向步行数十米，有几幢两层楼的洋房便映入我们的眼帘，这就是英国领事馆和领事官邸。英租界辟建以前，此处还是长江边的一块荒滩，只有几户农家的茅棚，江滩边芦苇丛生，鸥鸟在其间翩翩飞翔，江水不舍昼夜地流淌着。1861年，这里的宁静被打破了。英国人修建了这座具有维多利亚时代特色的房子，三面皆有拱

汉口英租界领事官邸

券廊式露台，外墙拉毛粉刷，入口设平台式门斗，屋面塔顶升起，整个房子造型简洁，典雅大方。这是当年英租界第一座具有标志性意义的建筑。

汉口的租界

英国领事馆落成后,法国人紧接着也修建了自己在汉口的领事馆,时间是1865年。同年,汉口第一家外国银行——英国麦加利银行的大楼在英租界建成。该楼为三层石结构,高大典雅。1866年,俄国新泰砖茶厂的厂房也在英租界的江边矗立起来。

继之,怡和洋行、天主堂医院、英国礼拜堂、美最时洋行、礼和洋行、横滨正金银行、东方汇理银行、巴公大厦、和记蛋厂、英商汉口电灯公司,以及俄、德、美、比、荷等国的领事馆大楼纷纷建立起来。英租界由是兴起了建设的高潮,洋行大楼、银行大楼、居民住宅、公署官邸星罗棋布,主要的街道已基本形成。到1891年时,英国领事馆门前的一片荒地已成为繁华的街市,新修的马路、鳞次栉比的花园洋房、现代的排水、供电、医疗、邮政、娱乐等城市设施将这里打造成了一个"别样的"城市社区。

英租界领事官邸内庭

法国领事馆大楼

当年的法国领事馆大楼

位于汉口英租界江边的汇丰银行大楼

汉口江汉关大楼

汉口租界里的东正教堂

第二章 异质空间——汉口租界的文化空间形态

汉口的租界

随着英租界的辟建,英国商人来了,英国的军舰开来了,各国的领事及外交随员乃至他们的眷属也接连而至,汉口江汉关建起来了,英国的洋行、银行以及商务人员大批到来,有的来自英国本土,有的来自印度,还有的来自上海。不数年间,荒凉的江滩变成了欧式的街区,洋行高大气派的栈房,造型别致的银行大楼,各式各样的办公楼、寓所住宅相继兴建,一些道路开辟出来,路边种植了成行的树木,楼前还植有草坪。

与英国领事馆官邸隔着几条街,在南京路与鄱阳街的交汇处,有一个洋商俱乐部,时称"汉口波罗馆",这是英国以及其他各国商人娱乐休闲的场所,里面设有弹子房、桥牌室、滚球室、壁球室、报刊室、图书馆、大餐厅、酒吧间、歌舞厅,各种新式玩意,一应俱全。

俄租界里的"巴公房子"

德国美最时洋行大楼

德租界的沿江街景

英租界的河街景象

汉口租界的河街景象

笔直宽敞的道路、欧式风格的建筑、道路两旁成行的树木、完善的市政设施将租界打造成一个"异质文化空间"。在这个独立的"异质文化空间"里，各式各样的西式建筑星罗棋布、错落有致，构成一幅迥别于华界的城市景致，成为租界里最为耀眼的一个文化符号。

汉口的租界

英租界的街道一角

以古典主义风格著称的汉口汇丰银行大楼

租界里的建筑以欧洲古典主义风格居多,它们大多坐落于五国租界的主要街道的两侧。既有领事馆、洋行、银行,也有饭店、宾馆、教堂、学校、医院,建筑物一般具有楼体高大、岩石垒砌、墙面华丽、门窗明亮等特点。各租界仿照本国建筑风格,结合汉口的实际情况,建造出了形态各异的建筑群落,使租界的建筑带有浓郁的欧陆风情,同时,又各有特色、异彩纷呈。

法国东方汇理银行汉口分行

英国是当时实力最强的西方工业国家，英租界是汉口最先辟建的，靠近汉口老城区，具有地利之便，在汉口开埠以后三十多年的时间里，它是唯一的外国人居留地，因此，在英租界里不仅集中了英国的政治经济机构，其他与中国签有通商条约的国家也纷纷在此租

德国领事馆是一座极具德国风情的建筑

赁土地，兴建洋行、银行。在很长一段时间里，英租界成为西方势力在汉口的聚集地。这里的建筑、特别是高层建筑，大多以18世纪流行于欧洲的古典主义风格见长。英国领事馆、麦加利银行就是典型，到了20世纪初，更加宏大的建筑相继兴建，特别是汇丰银行和江汉关海关大楼，堪称是英租界建筑的代表。

汇丰银行大楼位于英租界滨江地带，建于1917年，英国设计师派纳设计，总建筑面积一万多平方米，占地3591平方米，大楼前段设两个营业大厅，构成大楼主体。后段为办公室，中间有四座大银库。大楼内部装饰精美，整个建筑造型平稳、比例严谨、简洁凝练。立面空柱廊运用爱奥尼克柱式，更显出几分尊贵典雅的气派。

地处英租界与汉口老城区交界处的江汉关海关大楼，建于1921年，由英国设计师斯九生设计，大楼高四层，外墙以花岗岩垒砌，庄重浑厚，正面八根10米高的大柱，直径1.5米，均为花岗岩垒成。上建钟楼，也有四层，典雅壮观，为英国特有风格。上置大摆钟，按时敲响。大楼立面设计的三段构图手法，具有浓郁的古典风格，山花窗楣及入口处半圆形拱门又表现出文艺复兴的风采。这座大楼一度成为汉口的标志性建筑。

天津路上的俄国东正教大教堂，底层墙面由多层透高拱券组成，外墙采用壁柱、拱券和有雕刻的线条作装饰，上层平面呈多边形，墙面为八面拱券组成，上接八块绿色铁皮构成的尖屋顶。教堂的外轮廓富有变化，墙面飘逸流动。具有明显的拜占廷风格。

法租界的建筑以娱乐设施与民居里弄见长，各种影剧院、饭店、酒吧、舞厅精巧别致，二层楼的民居里弄也颇具特色。位于法租界江边地段的美国领事馆大楼是一座巴洛克式的建筑，曲线构成的墙面、三层半圆形砖拱窗以及富有动感的红色饰面，使整个大楼别具一格。

俄国建筑中比较具有特色的是"巴公房子"。它由俄国人巴诺夫投资兴建。巴诺夫原本是俄国沙皇的亲戚，贵族身份。1869年来到汉口，从事砖茶贸易，获利巨万。后来出任俄国新泰洋行的大班。1874年，又联合其他俄国茶商在英租

汉口的租界

界南京路段开设了阜昌洋行,几乎垄断了汉口的砖茶贸易,成为巨富,时人称为"巴公"。俄租界辟建后,被选为市政会议(董事会)常务董事,1902年出任俄国驻汉领事。在此期间,他投资修建了"巴公房子"。这是当时汉口最大的一栋整体型公寓楼。楼高四层,地面三层,地下一层。从整体框架结构上看,像一个大的锐角三角形,远远望去,又仿佛是一辆缓缓驶来的火车,也像一艘行驶在海面的轮船。整幢大楼红墙白顶、三角形造型,极富动感,体现了俄罗斯式的奔放情调。

德租界位置较偏,建筑物相对稀疏,然而富有特色的建筑依然随处可见。最具代表性的就是德国领事馆(今为武汉市府大院)。这是一座带花园的洋房,外墙拉毛、

地处法租界江边的美国领事馆大楼

黄色涂料饰面,大楼四周为双层卷廊,楼体外观层次丰富,红瓦坡顶,色彩绚丽,塔楼突兀,极具德国风情。德租界的一些民居,造型各异,尖状屋顶错落其间。在德租界里,中国官绅以"挂旗"形式修建的公馆、里弄为数不少。由于这里位置相对较偏僻,环境更为幽静,街道划一,同时房价较为低廉,因此,洋行买办、军阀政客多乐意在此建房。如坤厚里是杨坤山、黄厚卿两个英商和记蛋厂的买办投资兴建的,汉中胡同是将军团要人吴醒汉的住宅。这些建筑多仿欧式,同时掺杂一些中式风格,形成中西合璧的建筑特色。日租界的房屋多为两层砖木结构,屋面为日式红瓦坡顶,屋尖常建有暗顶,具有明治时期仿洋建筑的特点。

汉口法租界街景

在很长一段时间里,古典主义手法是租界建筑的主要风格,而到了民国初年,租界的建筑开始出现了一些新的变化。一批现代"摩登"建筑涌现出来。这些建筑一改过去繁复的造型,以笔直的几何线条、简洁的外形、宽大的玻璃门窗、紧凑合理的内部结构表达出现代建筑的全新风格,充分突出了建筑物的使用功能。景明大楼、天津路亚细亚大楼(今临江饭店)、安利英大厦等就是此类建筑的代表,它们的出现使汉口租界的城市景观更加具备了现代时尚的色调。

汉口租界的外滩,看上去仿佛是一座欧洲城市。(这是印在当年明信片上的照片)

一个新的城市社区形成了,一个与汉口老城厢完全不同的城市空间地方呈现在人们眼前了。1924年,一位旅行者倘徉其间,为我们这样描述他眼里的汉口租界,"大厦连云,洋楼高耸,园圃夹于其间,林木葱郁,绿叶参差,街道宽整,俄租界用沥青,其他用细沙,洒水润之,时时清扫,无纤尘,较沪为优……"①

三、作为现代城市社区的汉口租界

按照清政府与西方列强签订的租地条约,租界是各国从中国领土上获得的"永租地",说白了,也就是所谓的"国中之国"。在规划建设这个"国中之国"的过程中,西方列强将本国的政治制度与城市管理成果悉数移植过来,以最大限度地满足其殖民需求,为他们在中国最大限度地实施强权政治与经济掠夺提供一个高效的组织保障。正是出于这种目的,一系列现代城市文明的最新成果几乎在第一时间里被运用到租界的建设中,使租界成为一个与中国传统城市判然有别的现代城市社区。

宽阔整齐的道路修建与典雅气派的街区建筑上文已有详述,这里要说的是城市公用设施,诸如地下排水管网、城市供水供电设施、邮政电讯、电灯电话系统、医疗、救火和游乐设施,以及码头仓储的配套设施等等。

---

① 参见《海关十年报告》(之二),香港天马图书出版有限公司,1993年。

20世纪20年代行驶在汉口街头的洒水车

近代城市不仅是经济活动的聚集地,而且是社会化的生活场所。社会化的生活需要大量的现代服务设施予以保障,租界在这些方面集中展现了欧洲近代城市文明的最新成果。譬如对生活垃圾和粪便进行集中处理,将环境卫生纳入到城市的整体规划之中。汉口各租界的工部局对污水粪便及雨水的排放非常重视。在修筑道路的同时,注重修筑完备的下水管道排水系统;在计划改造路面或维修路面时,也对下水管道进行相应的改造;建设新路时,下水管道的建设要同步进行。

租界的下水管道以排放污水及粪便为主,排水沟以排放雨水为主。1906年,英租界就铺设了长达9653米

英租界里的汉口电灯公司

的专用排粪铁管,设闸口与气压排粪泵于天津街江边。原有的铁盖明沟专用于排除雨水。法、俄、德租界也修建了相应的地下排水管道,实行雨污分流的管网设计。俄租界对于暗粪泄除污秽工作非常重视,池内流质,用特别沟管引入江流,其内所沉淀的渣滓,由工部局定时雇工掏清。

五国租界中,英、俄、法三国租界地势较低,雨量偏少的季节或旱季,区内明沟尚可满足污水粪便的排泄,但雨季或江水高涨时,地势较高之地积水大量涌入,淹没街道。为了解决积水问题,三国租界均采取了许多措施。其中重要的一条就是对江边下水管道进行整修。1922年,为使污水尽快排入长江,法租界工部局把江边的排水沟加高了45厘米,以便更好地排水。每年夏季,租界当局便定期对下水管道和排水沟进行消毒,并把它作为一项定制,年年执行。因此,租界区的卫生状况较之租界外大有不同。①

---

① 《汉口租界志》第380~381页,武汉出版社,2005年。

在一个多世纪以前，国人的生活用水多以掘井获取，或就近取自江河湖泊，即便像汉口这样繁华的大商埠也是如此。长期以来，汉口市民的生活用水主要取自江河，临近江河的居民取水比较容易，远离江河的居民取水便成为一大难题。于是乎出现了专门挑水的职业——"挑水工"，汉口老城区还有专为挑水留出的道路——"水巷"。市民的照明多用煤油灯或蜡烛，由于民房多是易燃的木质材料，平常稍一不慎，即酿成火灾。历史上汉口是一个火灾频发之地，每次都会造成重大的人员和财产损失。汉口的这种无水无电的生活在20世纪初发生了改变，而引起这种改变的就是租界里的现代生活样式。

1902年，德租界内建起了一座发电厂，名为美最时电厂，发电容量为740千瓦。是为武汉城市用电之始。1906年，英国人在租界内集资修建了汉口电灯公司，规模大大超过了美最时电厂，该公司拥有直流柴油发电机七座，发电容量为5750千瓦，专供英、俄、法租界用电，后来这家电厂由汉口著名的民营企业既济水电公司接办。1913年，日商在燮昌小路北口两侧开办大正电气会社，

汉口电报局大楼

发电容量为740千瓦，专供日租界内用电。至此，汉口五国租界全部实现了电力供应。

五国租界当局在市政规划建设时，对港埠码头的建设十分重视，这既是他们实现在华特权的一个具体表现，又是他们实施对华经济倾销与土货收购的交通保障。基于此，列强在租界划定不久，就在各自滨江的地段上兴建码头。1863年，英国人修建了宝顺码头。1871年，俄商在其下首修建了顺丰砖茶栈码头。至19世纪末，从今江汉路下行至丹水池长约十多公里的江岸地带遍布着洋行专设的码头。

汉口英租界的太古码头

汉口的租界

在汉口租界近4公里长的江岸，英、法、德、俄、日等国都修建有自己的码头

法租界正在修建码头的场景

英租界的江岸地段除建有宝顺码头，另有怡和、太古、鸿安、麦边等码头。

俄、法租界的江岸地段除设有俄商的顺丰码头、新泰码头、法国东方轮船公司码头，另有日本大阪公司码头、日本邮船公司码头。

德租界的滨江地段则建有美最时洋行码头、瑞记洋行码头等一系列工业专用码头。

在距租界下首的丹水池江岸地带，还有英国亚细亚洋行、美国美孚洋行、德士古洋行的煤油专用码头。

在汉口的江面上,每天都停泊着大量的外国轮船

随着道路、交通市政设施的逐步建成,租界的近代公共交通运输事业也开始兴办起来。1888 年,汉口租界出现了第一辆日本人发明的两轮车,俗称"东洋车"(人力车);1903 年,租界出现了第一台小汽车,此即英国领事馆购置的名为"来路卡"的福特牌轿车,开汉口驾乘小汽车之先河。随后,人力车和小轿车相继进入城市交通运营领域。1901 年,汉口租界工部局正式登记的人力车有 1000 辆,法国商人最先创办了人力车行——利通人力车行。接着,租界内相继出现 10 余家车行,一时间,人力车成为租界里代步的主要交通工具。1912 年,法商在汉口歆生路创办出租汽车行,有小汽车六辆,是为机动车进入武汉城市公交之肇始。到 1921 年,汉口租界共有华、洋车行 13 家,出租车开始成为租界中的主要交通工具。①

20 世纪初,人力车是汉口租界里的主要交通工具

---

① 《武汉公用事业志》第 35 页,武汉出版社,1990 年。

租界作为列强在华势力的集中代表,自然要为列强的政治经济利益提供各种便利,邮政电信是现代最重要的通讯手段与信息传递工具,也是重要的社会经济资源,租界当局视之为重要的特权所系和利源所在,率先加以发展并力图进行垄断。1866 年,中国海关试办现代邮政,但经办权却操于英国人之手。六年之后,英国驻汉领事馆在租界内开办武汉第一家客邮,①近代邮政由此传入武汉。在现代国家观念中,邮政属于国家主权的范畴,租界作为"国中之国",对于中国的邮政主权自然是罔加顾及的。当时汉口租界里的客邮一律行使其本国的邮政章程,收寄国际和中国国内互寄的邮件一律粘贴本国邮票作为邮资凭证,盖销本国文字的汉口地名邮戳,来往邮件均用本国邮件封发,不受江汉关检查。不难想见,租界里的外国邮政事业大获其利之日,也正是中国的利权大受其害之时。

1878 年,江汉关在试办邮政的基础上,开办海关邮政,但经营管理仍由英国人掌握。1896 年,清政府创办大清邮政(国家邮政)。汉口租界区内形成"客邮"(外国邮政)"国邮"(中国邮政)并存的局面。中国政府虽然收回了部分邮权,但对列强在租界所办的"客邮"仍无权干预。当时汉口租界的主要邮局有以下一些:

"法一等邮局",1898 年 11 月由法国领事馆设立,直接受法国巴黎邮局领导。位于玛领事街附近。

"大德书信馆",1900 年 4 月由德国领事馆在其公署内开办,又称德国邮政分局。

"俄国邮局",1899 年俄国领事馆设立。

"日本邮政局所",1876 年,日本聘请美国代理领事、旗昌洋行代理人爱德华·克宁汉为汉口邮政代办,1883 年停办。

"汉口书信馆",1877 年前后,上海英租界工部局书信馆为便于居住在上海与汉口两地英租界内的外侨书信往来,在汉口英租界内设立邮政代办所,专司收发汉口与上海以及厦门、镇江、福州、烟台、南京等沿海、沿江各大通商口岸之间的往来邮件。②

1902 年,法国客邮的实寄封

---

① 《武汉市志·交通邮电志》第 525 页,武汉大学出版社,1998 年。
② 武汉地方志编纂委员会主编《汉口租界志》第 366 页,武汉出版社,2003 年。

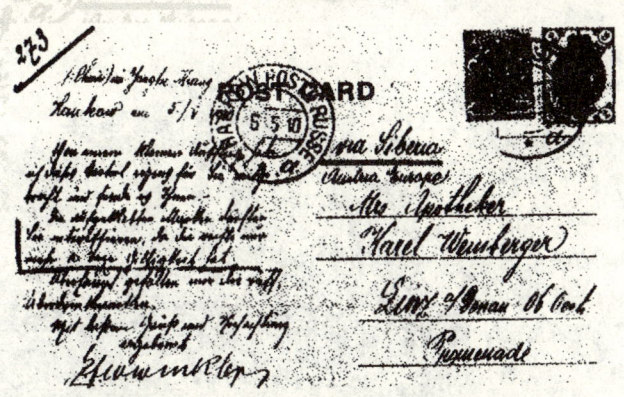

德国客邮实寄封，1904年6月24日，汉口——荷兰

20世纪初，汉口租界开始兴办现代通讯事业。1901年，德国西门子洋行在汉口租界内开办市内电话，时称租界电话，是为汉口电信业之肇始。租界乃至武汉市区的电话一度为西门子洋行垄断。辛亥革命以后，中国政府自办的市区电话逐渐取代了租界电话，1915年，中国政府出资收回了电话业，至此，汉口五国租界已经没有经营电话的公司，只有电话用户。

现代邮政电讯业的创办与发展将汉口租界这个深居中国腹地的"国中之国"与整个中国乃至整个世界连在了一起。

一位德国女记者当时来到汉口，在她目睹了汉口租界的繁华景象后，不禁发出了这样的感叹："汉口被列强视为重要的商业中心而加以建设……现代化的大厦与银行，巨大的仓库，那些美丽的花园别墅和高级旅馆，都是汉口有代表性的建筑物。不管什么时候看上去，汉口给人的印象与其说是中国的城市，不如说是国际性的都会。"①

在当时许多中外士人的眼中，汉口租界堪称是一个现代感十足的城市社区。

高耸着钟塔的是江汉关海关大楼，它的左边是汉口老城，右边就是租界区

---

① （德）王安娜《中国——我的第二故乡》第200页，三联书店，1985年。

四、洋行与买办

租界作为一个与汉口老城相分割的"异质文化空间",不仅突出表现在具有异域风情的街道布局与欧陆风格的建筑,也不仅仅表现在其颇具现代气象的市政基础设施,更深刻地表现为:这里有一些新奇的事物和一群"别样的人"。在汉口市民的眼里,租界看上去是那样的陌生,一些闻所未闻的事,一群"不可理喻"的人,种种的陌生与新奇都使租界成为一个"别样的地方"。

洋行、洋商、西语、买办等就是组成这个"别样的地方"的主要文化元素。

租界里最主要的经济组织就是洋行。

"洋行"泛指外国公司或企业,这些公司的总部多设在本国,有些则设在香港或上海。洋行按其经营的范围和性质,大体上可分为

设立较早的专门从事砖茶贸易的俄国新泰洋行

俄国顺丰洋行开设的顺丰砖茶厂

进出口贸易、出口加工整理工厂、轮船运输及仓储业、房地产、银行、金融保险业等。洋行大多以进出口贸易为主,其他贸易业务为辅。诸如英国的安利英洋行、法国的立兴洋行、德国的礼和洋行、美最时洋行、西门子洋行等即是。

德国美最时洋行（一家从事进出口贸易的著名洋行，年进出口贸易额大约白银800万两）

汉口租界就是洋行聚集的地方，它们依托汉口这个中国内地最大的市场，大量收购土货，尤以原料、半成品为大宗。主要品种为茶叶、桐油、芝麻、棉花、生漆、苎麻、杂粮、烟叶、蛋制品、牛羊皮、五倍子、肠衣、猪鬃、矿产品等。同时，以汉口为枢纽，向整个内地大肆倾销他们本国的工业品，包括日用百货、棉毛纺织品、棉纱、煤油、五金电料、机械器材、卷烟等等。

有关史料记载，1901年，汉口租界的洋行共有66家。①

英国和记洋行开设的和记蛋厂

---

① 表中所列洋行数引自《武汉市志·外事志》武汉大学出版社，1991年。

英国保安洋行大楼

国别	英	德	美	法	日	俄	荷兰	西班牙	挪威	奥地利	比利时	意大利	合计
洋行数	22	10	8	6	6	5				1	6	2	66
人数	189	92	62	73	74	67	1	53	40	2	39	102	497

民国初、中期，汉口租界里的洋行有了大规模的增长，特别是第一次世界大战以后，日本洋行数量大增，到1916年前后，汉口的外国洋行共有142家，具体情形见下表。①

国别	日	英	德	法	俄	美	丹麦	比利时	意大利	葡萄牙	土耳其
洋行数	62	35	16	8	5	5	4	2	1	1	1

另据1924年日本驻汉总领事水野幸吉在《在汉口帝国总领事馆辖区内的事情》一书的记载，汉口的欧美洋行（日人称为"商社"）有93家，其中英国44家、美国13家、法国11家、俄国8家、意大利3家、丹麦3家、瑞典1家、荷兰1家、中外合办6家。而日本的洋行则有75家，共计168家。②

另外，还有一些外国商人来汉口从事贸易活动，他们未设洋行，只是以个体的身份进行买卖，譬如墨西哥、古巴、刚果、朝鲜、澳大利亚等国商人即是。总体来看，当时以租界为据点，来汉从事进出口贸易活动的国家多达二十余个。

外国洋行通过买办、分支机构、汉口的行栈庄户组成一个巨大的市场网络，由此操纵并垄断着以汉口为中心的中国内地进出口市场，将汇集于汉口的中国

---

① 参见《武汉市志·外事志》武汉大学出版社，1991年。
② 参见《武汉市志·对外贸易志》武汉大学出版社，1996年。

中西部的农副土特产品，诸如茶叶、桐油、生漆、蛋品、药材、油脂油料、豆类、牛羊皮等进行大量的廉价收购，而将西方的工业制品通过汉口向中国内地市场大肆倾销。19世纪末，以租界为据点的外国洋行主要有英国怡和洋行、安利英洋行、宝顺洋行、卜内门洋行、和记洋行、老沙逊洋行、保安洋行、大来洋行、连利洋行等；德国的洋行以美最时、礼和、瑞记、西门子、捷成、嘉利、宝利、福来德、德昌等最为有名；美国的美孚、德士古、慎昌、其来，法国的立兴洋行、永兴洋行、公兴洋行，俄国的顺丰洋行、新泰洋行、阜昌洋行等等皆名重一时。另外，日本的丸三洋行、若林洋行、思明堂、三井洋行等，也颇具规模。① 未设租界的国家也有一些洋行在汉口通商贸易，如比利时的万兴洋行、丹麦的金龙洋行、意大利的义华洋行、荷兰的好时洋行，等等。

上述的这些洋行在汉口这个当时中国内地最大的市场中角逐竞胜、各逞其能，将汉口的进出口市场搞得风生水起、波涛汹涌，使汉口在全国的土货出口中一度占据着举足轻重的地位。

民国初年，汉口的茶叶、桐油、蛋品、肠衣等均在全国的出口中占有相当的份额，上述土货的年出口值都在白银五百万两以上，有些则超过千万两。其中茶叶的出口占全国的60%，桐油占全国出口量的60%（一度甚至达到80%），肠衣、蛋品、猪鬃的出口占全国的30%。在进口方面，

立兴洋行汉口分行（法国在汉口开设的最著名的洋行）

汉口也是一个"吸纳洋货、散销内地"的市场枢纽。不论是土货出口，还是洋货进口，洋行都在其中占据着主导地位。让人不得不注意的是，洋行的活动几乎渗透了汉口各个重要的商业行当。在进口贸易上，英美的洋行长期垄断着石油、纺织品的进口贸易，德国的洋行在五金机械、化工染料的进口贸易中占据着主导地位，日本洋行在棉纺织品、食糖的进口贸易中后来居上，逐步占据了近乎垄断的地位。而在出口贸易上，则呈现出群雄并争的局面，俄国洋行长期垄断着茶砖的出口市场，英国的和记洋行、德国的美最时洋行、礼和洋行、法国的立兴洋行、公兴洋行、瑞典的德昌洋行则瓜分了蛋品、桐油、生漆、猪鬃、肠衣等土货的出口贸易。②

---

① 参见《武汉市志·对外贸易志》武汉大学出版社，1991年。
② 参见《武汉市志·对外贸易志》武汉大学出版社，1996年。

可以想见，那时的汉口租界是一个怎样喧闹繁盛的地方。在洋房林立的街市里散布着一百多家洋行，这些洋行周身散发着资本肮脏的气味、也夹带着资本所特有的魅力，如同磁铁般吸引着大量追逐物欲与梦想的人们。来自西方的具有各种不同背景的生意人、政客、连同他们的家属，以及来自中国的绅商、苦役，构成了熙熙攘攘的人流，他们

德国西门子洋行旧址

汇聚在洋行的周围，不断演绎着一幕幕离奇诡异、精彩纷呈的历史活剧，也上演着一幕幕悲欣交织的人间悲喜剧。

在租界的这种五色杂处、熙熙攘攘的人群里，有一类人特别显眼，他们是一群操着熟练或半生不熟西语的中国人，他们终日在洋行与汉口的各大商铺行栈间穿梭往来，他们帮助洋行大肆收购土货并从中获得丰厚的佣金，他们中的大多数人在租界或汉口繁华的市区置有规模可观的房产，人们把这样一类人称为"买办"。

买办这种特殊的角色从"一口通商"的时期就产生了①，广州的"十三行"就有他们的身影，那时他们的处境较为尴尬，在国人眼里，他们是典型的"假洋鬼子"。而到了19世纪末，中国各个"条约口岸"都活跃着他们的身影，汉口的租界里，买办成为一个特别而又重要的角色。

洋行在中国内地进行进出口贸易，首先遇到的是文化障碍，语言文字自不必说，中西方商业文化的差异，风俗习惯的轩轾，还有货币的复杂性和度量衡制度的变化多端，如白银的计量单位的地区差异等等，②凡此种种都使得刚刚来到内地的西方商人手足无措。居住在天津的第一个外国商人 J. 恒德森回忆他在1860年第一次到达那里时遇到的困难时，这样说道："我作为第一个来这里的当时唯一的外国商人，在上海崇厚一事中了解到，那里既没有标准的重量单位，也没有同上海、广州的重量单位相对应的秤，也没有海关的重量单位，所有这些，都使我不得不在我的买办帮助下亲自处理。"③来到在汉口的洋商们大概都有着与恒德森相似的感受。

对于洋行洋商来说，了解中国各种商业惯例和社会习惯并非不可能，但需要很长的一段时间。对汉口这个巨大市场早已垂涎欲滴的洋商们，要等待长时间

---

① 参见吴承明主编《中国资本主义发展史》第二卷，人民出版社，1999年。

② （美）郝延平《十九世纪的中国买办：东西间桥梁》第27页，上海社会科学院出版社，1988年。

③ （美）郝延平《十九世纪的中国买办：东西间桥梁》第27页，上海社会科学院出版社，1988年。

的适应简直是无法想象的。因此,寻找中间商与代理人就成了他们进入中国内地市场的当务之急。有一则事例颇能说明这一点,那是1861年的汉口,洋商们因找不到可靠的华商对手进行交易,不得不以货易货。① 1871年的上海外文报纸有一篇报导说,有九家俄商,自恃通晓方言,由汉口携带资本到内地去活动,但每笔交易都必须征求华籍"先生们"的意见,才能做成。② 买办在中外贸易中的重要地位,于此可见一斑。

洋商初来中国之时,几乎找不到一个人愿意跟他们做生意。1844年冬,法国驻华公使拉萼尼率团先后访问了厦门、福州、宁波、上海,沿途所见所闻,感触极深。他认为,"几乎没有一个资本雄厚、有信誉的人敢和外国人接触并愿意和外国商人建立直接的关系"。唯有洋行的译员和买办同外国商人打交道。上海早期的进出口大宗贸易几乎都掌握在这些人手里。这些翻译人员、买办们同洋商做生意也不是一点顾虑也没有的,他们也知道,"和外国人做生意,虽然表面上受到当局的鼓励,而实际上是受歧视的,以至如果他们进行这种活动,就会立刻加上除不掉的污名,然后是当众受辱,最后的结果是不可避免地尽早破产。"③尽管如此,巨大利润的诱惑还

华商总会旧址,当年这里是各洋行的买办们经常聚会的地方

是促使他们冲破了这种心理障碍和文化困境,率先投入到"华洋互市"的行列中,成为华洋商界的一个重要的文化中介,买办因此就成为租界里文化身份最为特殊、社会活动最为频繁的一种角色。

在当时汉口租界里,各国洋行在经营进出口业务时,无论是自设行号或假手代理行号,都要通过通买办进行。像怡和洋行的陈仙洲,立兴洋行的刘歆生,新泰洋行的刘辅堂,和记洋行的黄厚卿、杨坤山,美最时洋行的王柏年等等都是洋行所倚重的人物。洋行通常是将收购的土货清单交给他们,责其到汉口各大行栈乃至农村的庄户中进行收购,然后统一交给洋行,经加工打包而后外运,一笔贸易就此完成了。汉口开埠之初,这种能够沟通华洋两界的商务人才微乎其微,

---

① 严中平《试论中国买办资产阶级的发生》,《中国经济史研究》,1986年,第1期。
② 严中平《试论中国买办资产阶级的发生》,《中国经济史研究》,1986年,第1期。
③ (法)梅朋、傅立德著《上海法租界史》第14页,第273页,上海社会科学院出版社,2007年。

因此,最早的买办大多都来自于先一步开放的广东和东南沿海地区。一些由上海、广州来汉口设立洋行的外商,往往将原来的买办也带来,或者由他们介绍其在汉的亲友充任买办。

如较早在汉口开办的汇丰银行汉口分行的买办邓纪常、怡和洋行买办陈仙洲都是广东人,美最时银行的首任买办胡听潮则是从上海总行来的。随着汉口"华洋互市"规模的日益扩大,洋行的不断增多,本地的一些趋新慕洋的人纷纷加入到买办的行列,例如刘子敬、刘歆生、杨坤山、黄厚卿、韩永清等人就是其中的佼佼者。汉口的买办也就此分成广东、江浙、本地三大帮口。①

19世纪末,汉口租界内外为洋行服务的大小买办约有800~1000人。

买办的职责一般是代理洋行与华商做交易,代理洋行进口货物的销售,特别是代理洋行需要的原料土产的收购,同时还代理洋行的货币兑换、银两估色、度量衡换算以及缴纳关税等业务。并为洋行提供市场调查,资料翻译等服务。能够充当买办的人,除了具有专业知识和外语能力,一般还要有相当的资产。通常要交上万元的押金,或以房产地契作抵押,并在律师的公证下签订合同。买办又称为"华经理",在欧美洋行的买办称为"西洋买办",在日本洋行做事的称为"东洋买办"。

买办在洋行里有自己的办事班子,有自己专门的办公场所,称为"买办间"或"华经理帐房"。雇有帐房、跑街、管仓、报关、分庄等人员,多时可达上百人。其办公费用少量由洋行提供,其余都由买办自己开支。买办从洋行领取薪金,更多时候是赚取佣金。通常,买办可按销售额的1~2%提取佣金,买办还可向供货的中方商户中提取2%甚至更多的佣金。一家大洋行的买办,一年下来,佣金收入非常可观,数万元以至一二十万银元的收入在买办中司空见惯。此外,买办还可以通过虚高收购价格,在衡器上以少充多,以及自己设庄等手段赚取更多的收入。

从某种意义上说,洋行和买办是代表租界文化特色的象征符号。提到租界,人们最先想到可能的就是他们。一个代表着外来的异己势力,一个则是外来势力的附庸。

买办以其雄厚的财力成为民国初期汉口房地产开发的主力军,这是和记洋行买办杨坤山和黄厚卿合资兴建的"坤厚里"。

---

① 参见《汉口租界志》武汉出版社,2003年。

洋行是外来势力、西方势力、洋人势力的象征,它往往与洋人、洋鬼子、洋货的形象联系在一起,在它身上也表现了"华""洋"之间的差异、对立、不平等。在国人眼里,洋行既具有一种外来的强权力量的意味,也具有一种异己的、另类的文化象征意义。它带来了洋货,也带来了洋人的生活,而这一切都是汉口市民闻所未闻的、陌生的,因而也是充满疑惑的。这是汉口市民遇到洋行时最初的文化反应。

在时人看来,买办是整天与洋人打交道的人,是洋行的附庸,是"假洋鬼子"。因此,也是不同于"我们"的"另类",人非百无一计,是定然不会从事这种营生的。当然,也决不会跑到租界这种"别样的地方"去安身立命的。买办,至少在当时的士绅们眼里,是十足的"另类"人群,他们既无功名,也无根基,本是不入流的"草根阶层",士绅们当然是耻与为伍的。后来,随着汉口开埠通商所带来的社会变革,人们的观念开始逐步发生改变,买办也逐渐摆脱了较为尴尬的文化身份,但"另类"的形象似乎总伴随着他们,若隐若现,挥之不去。

作为表现租界文化特色的象征符号,"洋泾浜英语"也是一种。

"洋泾浜"本是上海的一条河流名称,后来则指一种语言融合现象。如带有浓重中国方言口音的英语,俗称为"洋泾浜英语",也就是"中国化英语"。清代,在上海县的城北郊有一条叫做"洋泾浜"的小河,是黄浦江的支流,它引黄浦江水向西并入周泾,全长不足一公里,在当时水渠交错的上海地区,实在是一条不起眼的小河。上海开埠后,情形发生了变化。1845年,上海道与英国领事签订了《上海租界章程》,规定洋泾浜以北作为英国人的居留地,1849年,法国领事敏体尼也从上海道手中取得建立上海法租界的权力,规定洋泾浜南岸到护城河之间的土地为法租界。这样,洋泾浜就成了英租界与法租界的分界河。租界的经济和市政建设发展很快,仅几年的时间,在洋泾浜两岸就出现了许多全新的建筑群,形成了与老城厢很不协调的生活方式与习惯,于是"洋泾浜"就被上海人作为旧城北面租界的代名词。①

中国近代著名思想家王韬在他的多部著作中使用过"洋泾浜"一词,专指上海城北的租界。所谓"洋泾浜英语"就是租界里传播开来的、带有中国口音、上海话与英文混合使用的一种英语。它的出现与租界的产生有着直接的关系,是租界与英语的强势文化地位共同造成的一种语言现象。类似的语言现象在汉口租界同样多有所见,如中西杂糅的街道名称,租界里一些组织机构的中文译名,如称洋行的总经理为"大班",巡捕房的警长为"大保正""洋保正",市政管理局为"工部局",称俱乐部为"波罗馆",称俄国商人巴诺夫为"巴公",等等,都属于"洋泾浜英语"或"类洋泾浜英语"。

由"洋泾浜英语"而"洋泾浜现象"乃是文化的一种自然生成过程。

汉口租界里广泛存在着"洋泾浜化"的现象,它是"华""洋"文化杂糅交融而呈现出的一种特有状态。非驴非马、不中不西、亦中亦西、土洋相杂等等,都是"洋泾浜化"的现象。在半殖民地的中国社会,这种现象到处可见,只不过在租界

---

① 薛理勇《旧上海租界史话》第185页,上海社会科学院出版社,2002年。

中,它表现得最多、也最为充分。

洋行、买办以及"洋泾浜英语",以它们特有的象征意义,展示着租界作为一种"异质文化空间"的别样风貌。

五、弹子房、菠罗馆与跑马场

租界是列强按照西方近代工业文明和城市生活而构建起来的新型城区,除了城市景观和市政设施完全移植了母国城市的样式,在城市社会生活设施等方面也"克隆"了西方的模式。以享乐主义为特征的城市文化娱乐设施在租界里应有尽有,饭店宾馆、酒吧、夜总会、歌舞厅、电影院,等等不一。还有些设施建在租界之外,但与租界的生活有着紧密的联系,譬如西商跑马场。这些文化娱乐设施为租界营造了一种别样的生活,进一步展现了租界作为一个"异质文化空间"的角色形象。

1900年,美国商人在俄租界的老跑马厅(今珞珈山路)上映了几部美国的新奇影戏,不过,那时租界尚未出现专门的影剧院。直到1912年,在法租界才出现了一家专业电影院——百代大戏院,此后又出现了两家电影院,全部都在租界里。除百代大戏院,另有中央大戏院,也在法租界,维多利亚纪念堂、汉口大戏院、明星大戏院、大舞台等均在法租界。俄租界里有寰球大戏院、光明大戏院、汉口青年会堂等。英租界里有上海大戏院,德租界有世界影戏院。① 电影院成为租界里最时新的一种文化娱乐场所。

英租界街景,当时的"汉口波罗馆"就设在附近

俄租界的"五花宾馆"(当年这里是外侨的娱乐场所)

租界里的各国商人与侨民追求现代时尚的城市生活,对闲暇活动与夜生活尤其注重。在西方现代都市里随处可见的夜总会、俱乐部由此被"移植"到了租界,时

---

① 参见武汉地方志编纂委员会主编《汉口租界志》第336~340页,武汉出版社,2003年

人称之为"波罗馆",或"波楼馆"。1878年,英国人在率先在其租界里开设俱乐部,专供英国商民及外侨休闲娱乐。此后,德、法、俄、日租界也相继成立这样的场馆。这些场馆楼宇华丽,装饰精美,各具特色。内设酒吧间、大餐房、弹子房、滚木球(保龄球)房、牌房、板球房、阅览室、图书馆、理发间、浴室等。日本俱乐部则带有自己鲜明的民族特色,除了西洋的娱乐活动,还有击剑道场、弓道场(射击场)和棋艺室。

汉口租界中最为讲究的波罗馆是英租界里的波罗馆。1897年,英租界当局为庆祝英国女王维多利亚60寿辰,对原先的"汉口波罗馆"进行了扩建,修建了豪华气派的公共会堂,会堂内设华丽的舞台,专供跳舞或演出之用。堂内还设有兵器陈列室,以炫耀英国的武力,兼做军火广告的宣传。五国租界内都设有波罗馆,出入其间的主要是各国的领事馆殖民官员、洋行里的大班与职员、工部局、巡捕房的外籍职员,还有各国的水手,以及身份各异的侨民,而中国人一般都被排斥在外。①

此外,租界里还有"打靶厂"(法租界)、滑冰场、高尔夫俱乐部、美国海军俱乐部等休闲娱乐的场馆。

汉口的外侨在租界外的运动场进行体育休闲活动

最能体现西方城市生活特质的娱乐活动就是赛马,时人称之为"跑马",那是一道典型的"西洋景",曾引得华洋各色人等疯狂的参与。在武汉,它由英国人发起,各国洋行的大班及高级职员共同参与组成,名曰"汉口西商赛马体育会",(Hankow Race Club Recreation Ground),当时的汉口市民则把它叫做"西商跑马场"或"马道子"。

汉口西商跑马场的建筑

英国人在汉口建立租界后,大批商民随之涌来,在汉口生活或经商,他们一面攫取财富,只赚得钵满盆盈,一面还要尽情享乐。租界里的生活固然很精彩,

---

① 参见武汉地方志编纂委员会主编《汉口租界志》第344页,武汉出版社,2003年。

但毕竟空间太小，地价高昂，大型的娱乐场所难以修建，不能满足他们的娱乐要求，于是，英租界当局就着手在租界外辟建一个规模更大的娱乐场所。从1902年开始，在英国怡和洋行大班杜百里的主持下，以"四十文一方"的超低价格从地皮大王刘歆生手上买下了大片土地，后又以极低的价格从汉口东北郊的农户中购得大片土地，不数年间，竟购得土地八百余亩，在汉口租界的东北角形成一块隶属于租界当局的"飞地"。这片土地的范围：东起今日永清路，南濒解放大道，西连解放公园路，北临惠济路。今日武汉市著名的解放公园就是其中的一部分。①

汉口西商跑马场的主看台

西商跑马场的马道

西商跑马场占地约800亩，由赛马会所、看台、餐厅、酒吧、马厩、跑马圈道，以及高尔夫球场、橄榄球场、马球场等构成，其中楼宇馆舍建筑面积达5000平方米，沿着大门至二道门外修建了一条长500米、宽20米的柏油马路，沿途柏杨夹道。从二道门起筑有一道高3米的水泥围墙，蜿蜒向东，再折转向北向西，环绕着整个跑马场，形成相对封闭的空间。马场内的马道沿途立有里程标杆，圈外植以冬青，圈内环绕着马道筑有一米高的木栏栅。

整个西商跑马场工程的完成是在1905年。随后在西商赛马体育会董事会的主持下，每年的春秋冬三季举行赛马，每赛季历十七天，春季每天赛10场左右，秋、冬季每天赛六到七场。每个赛季集中进行一次"香槟赛"（决赛）。汉口华商跑马场建成后，每个赛季末还要与华商合赛。每当进入到"香槟赛"时，汉口的外国银行、洋行皆"封关"，停业半天，专门观看比赛。当此之际，不仅租界里的洋人、买办纷纷涌向这里，就是汉口老城厢的市民也倾城而出，几乎到了万人空巷的地步，华洋各色人等蜂拥而来，购马票，买彩票，人头攒动，嘈杂喧嚣，声震云天。

---

① 武汉市政协文史委员会编纂《武汉文史资料》（租界专辑）1991年第四辑。

作为一项市民广泛参与的博彩活动,赛马会有完善的组织机构和一套严格的竞赛规则。赛马会是个社团性质的组织,由会员组成,选出董事会负责管理,它的董事、董事长都由各国驻汉领事馆的官员、各租界内的头面人物组成。其日常事务由秘书部总揽,下设写字楼、酒吧间、外球场三大服务部门。

赛马会的赛马与骑师

赛马会的会员不限于士绅,凡居住于汉口的外侨,都可以申请入会,成为会员。手续是须有老会员介绍,在赛马会做客,经3～6个月的考察,再经由20人组成的"选举新会员入会委员会"讨论通过,方可成为正式会员。会员每月交纳会费,会费多少,由赛马会按当时开支的实际情况进行均摊,每年核调一次,最高时的会费,每人每月15元,最低时银元5元。会员参加会内一切文娱体育活动,须另付费用,且为数不菲,倘若加上往返的车马费用,一般会员每月在赛马会内的消费不低于100银元,多的可达300～400元不等。在当时,除了洋行的外籍职员和买办,其他人是很难承受的。可见,要想加入赛马会,门槛是很高的。因此,汉口西商赛马会的会员大多是外国驻汉领事官、领事馆的高级职员、江汉关的税务司、邮局的邮务司、盐局的盐务司、外国银行行长、洋行大班、副班、工部局的总办及其他高级外侨。西商赛马会成立之初,会员多为英、法、德三国侨民。民国以后美籍会员逐渐增多,第一次世界大战期间,日本籍会员也多了起来。西商赛马会最鼎盛的时期,共有会员500多人。

赛马会每年举行一次全体会员大会,讨论通过年度工作总结、经济核算、预算、工作计划、选举和改选董事会。会员除享有选举权、被选举权和提意见权外,还享有签字权,即平日在会内吃喝玩乐一律不付现金,凭信用签字,按月由写字楼凭单结算,一次开支票付清,如有拖欠,一月后由账房向介绍人或保证人索赔。

赛马会的日常行政管理机构称为"三大部",即写字间、外球场管理部与酒吧餐厅部。

写字间即行政办公室,管理一切行政和财务事宜,办事人员均为中国人,负责人称为"一号",配有会计、出纳、收账员、通讯、勤杂人员等共十名,写字间的雇员们除办理日常事务外,临到赛马前还须印发彩票,核发马主奖金等事务。

外球场管理部负责对跑马场的所有室外设施进行养护管理。包括经管和培养树木、花卉、剪修草坪、马道、门房、警卫巡道等等。

酒吧餐厅为会员进餐及举行各种舞会的场所,雇有中国招待员34人,遇有大型宴会还得增加工作人员,他们一般都粗通英语。

赛马是一项大型的博彩活动，需要严密的组织和完善的程序，汉口西商赛马会就有一套完善的组织和严密的程序。它的最高机构是马会董事会，下设赛马董事会，由会员中养马的会员选出 5～7 名委员组成。专门负责有关赛马的事宜，包括负责审查骑师和马匹的资格，制定赛马程序，安排竞赛时间，执行裁判职责，判定优胜，以及其他有关赛马的事宜。

汉口西商赛马会专门为外侨观看赛马提供的"贵宾席"，华人不能在此观看

譬如马匹的产地与品质，赛马董事会就有严格的规定，当时参赛的马匹多产自中亚，价格在数百元至上千元（银元）之间。马匹须是会员拥有的，放在马会的马厩内寄养，由专业马师负责饲养与训练，经过一段时期，由赛马董事会审核，认为合格者才会被允许参加正式比赛，不合格的马即被弃用。后来对马匹参赛放宽了限制，非会员的马，只要经过赛马董事会的审核认可，均可参赛。

赛马活动每年分春秋两季进行，一称春赛，一称秋赛。每季赛马的时间为七天，定在每周星期六下午，小雨天不停赛，大雨则顺延至下周六，星期天不举行。每个赛季安排一次决赛，由日赛中优胜的马匹参加，季度决赛又称"香槟赛"。决赛的那一天，汉口就如同过节一样热闹，汉口的各大洋行、外国银行和大小企业均停业半天，数万人奔向西商跑马场，盛况空前。赛马的时间一般安排在当日下午一时，每天比赛的次数随季节和马匹的多少而定。春季一天赛 11 场至 12 场，秋季日赛 9 场至 10 场。有时参赛马匹较少，一天则只赛六七场，每场的竞赛里程，由赛马董事会事先议定，马主按其马匹性能条件，报名参加，长程约 4 华里（2000 米左右），短程约 2.8 华里（1400 米左右）。

每场比赛会员直接入场，汉口市民入场观看要购买门票，每张一元，外国人则有赠券，事先由马会分赠给会员再赠与其友人。

开赛之前，观众台的前方高悬一块木牌，上面写着当天参赛的骑师姓名、参赛马匹的名称及其所负荷的重量、编号、比赛的里程等信息，观众根据这些信息资料自行分析研究，选定马匹，即往售票处选购自己相中的马票，开赛前几分钟停止销售马票，赛完后再开售下一场的马票。

赌赛方式主要是两种，即观众购买彩票或马票。彩票分为小彩票、大香槟票；马票中有分为"独占"与"座位"。彩票为顺序连号的票券，观众在代售点购买，集中投放于一个开奖箱，当天即摇号开奖。赛马活动中最主要的博彩是马票，它不提前预售，开赛之日，入场后根据当日各次公布的骑师和马匹编号，于场内设专柜临时分别出售。如一天赛七场则售七次票,一场如果有十匹马参赛,即有十个票号,票价每张三元,赌博的方式有两种,一为"独占",一为"座位"。买"独占"马票只有该号码跑了第一,才能获奖,若为第二、第三就算未中奖。买"独占"马票中奖几率低,但奖金可观。"座位"马票获奖机会比"独占"多。如观众所选的赛马获得了第一、第二、或第三名,都能获奖。由于获奖者众多,每个人所获得的奖金就为数寥寥,有时头奖也只有三四角钱。①

赛马是一种大型博彩活动,尽管西商赛马会制定了严格的竞赛规则,但里面仍有大量的作弊空间,汉口一般市民不明究里,以为是一本万利、发财致富的捷径,争先恐后地前往,购马票、买彩票,而结果往往是暴富者寥寥无几,而落空者比比皆是。更有甚者,一场赛马下来,

汉口西商赛马会每年开赛时都是万人争睹、盛况空前。

血本无归,倾家荡产。所以每年的赛马活动中,参与者因绝望而自杀的事件时有发生。

租界当局在界外开辟的娱乐场所除了西商跑马场,还有德国球场。19世纪末,德国在芦汉铁路路基的鸭蛋壳(今亚当角)修建了一块高尔夫球场,时称德国球场,四周以篱笆墙围护之。为便于前往娱乐,德租界当局还专门修筑了一条通往球场的马路,名为球场街,此路与街名,相沿至今。

在开埠通商以后的十几年时间里,不经意间,一个全新的城区出现在了老汉口市民的视野中,笔直的道路,宽敞的街道,开阔的空间,高大的楼房以及汉口市民从未见识过的诸多的设施与场馆——洋行、领事馆、酒吧、电影院、夜总会、跑马场……

这里的一切都显得那样的新奇而又陌生。还有形形色色的洋人、半土半洋的买办、以及叽里呱啦的"洋话"也让汉口的市民们感到惶惑不已。

汉口租界,一个2.2平方公里的城市空间,竟是如此的奇特而诡异。它的面容、它的表情与汉口市民熟悉的城市及其生活似乎有着太多的差别,这里所展现的一切都显得那么奇异。

的确,这是一个"别样的地方",这里生活着一群"别样的人们",这里进行着一种"别样的生活",这里是一个"异质文化空间",尽管它与汉口老城近在咫尺,却在文化面貌上,与之相隔千里之遥。

---

① 武汉市政协文史委员会编纂《武汉文史资料》(租界专辑)1991年第四辑。

第三章 边缘社区——汉口租界的社会结构与社会生活

一、汉口租界的人口：数量与结构

汉口开埠以前,就有零星的外国人来过,主要是一些传教士和游历者。

从事茶叶贸易的俄国商人是较早来到汉口的外国商人。数量更多的外国商人的到来,是从1861年开始的。那时汉口已经开埠,英租界也开始辟建,外国商人、领事馆的官员以及他们的眷属、传教士、医生等各类人员纷纷来到汉口,渐渐地,他们形成一个"外侨"群落。不过,截止到19世纪的80年代,这个"外侨"群落的规模尚不足为观。

据地方史乘记载,汉口外侨人数:1861年为40人,1862年127人,1863年150人,1864年300人。到1892年,在各国领事馆注册的外国公司45家,外国人374人。①

1895年以后,在汉口的外国人人数开始出现较大规模的增长。

这主要是因为英租界经扩界已经具有相当的规模,而俄、法、德、日租界也相继辟建,外国人"居留"的空间更大了。同时,也是很重要的一点,是由

当年法租界里的外侨居住地

---

① 武汉市地方志编纂委员会主编《武汉市志·外事志》第14页,武汉大学出版社,1991年。

于这一时期汉口的对外进出口贸易发展迅猛,中外贸易活动规模巨大,各国洋行的数量因此大增。于是乎,大批的外国商人、冒险者、具有各种职业经历的人、传教士纷纷前来,或在汉口的洋行、银行里从事贸易活动,或在汉口租界里的市政管理机构任职,或开办学校、开设医院,或从事传教活动,或进行其他的与贸易、宗教相关的活动。一时间,在汉口居留的外国人数量大增,1901年达990人,不久即突破千人大关,1905年达到2142人,1910年更增至2706人。他们中的绝大多数都住在汉口租界里。1911年辛亥革命后,大批华人涌入租界,"外国人居住区拥挤不堪,尤其是英租界区内。"①

"巴公房子"是租界里最大的居民公寓

1917年至1938年为租界的动荡时期,1917年第一次世界大战中,北京政府加入协约国一方对德宣战,德国战败,中国收回了汉口的德租界。此后的十年,俄、英租界也相继收回,租界里的外国人数量因此大减。

德国租界收回,德侨大多返国。俄国十月革命后,俄国在汉口开设的工厂大多关闭,俄国人也陆续离去。武汉国民政府收回汉口英租界前后,汉口的英国洋行、工厂大都停业。由于上述原因,在这一时期,汉口租界里的外国侨民呈起伏不定之势。1926年10月,汉口有外侨4500余人,达到外侨在汉人口的峰值。至1927年4月,减至1300人。减少最多的是英国人,由1150人减至114人;日本人由2500人减为700人。宁汉合流以后又有所恢复。据1928年12月的统计,汉口三个特别区及法、日租界外侨人口增加至3773人,其中英国人增加到344人,日本人增加到2162人。到1932年,汉口外侨增加到4397人,其中英国人360人,日本人2499人,法国人654人,美国人205人。卢沟桥事变后,汉口的日侨大多撤离。②

1938年至1945年为日军占领时期。1938年10月汉口沦陷后,仍有不少英、美侨民滞留汉口。太平洋战争爆发后,英、美侨民作为敌侨被日军驱赶,至1943

---

① 武汉地方志编纂委员会主编《汉口租界志》第43~55页,武汉出版社,2003年。
② 参见武汉地方志编纂委员会主编《汉口租界志》,武汉出版社,2003年。

年已无一人,但仍有德、法、意等国侨民722人。抗战胜利后汉口成立日德侨民管理处,集中管理日德侨民。据1945年12月统计,汉口有外侨15288人,其中日本人占大多数。

现以1926~1928年的统计数据为例,看看五国租界外国商民的基本情况①

国别	人数（1926年1月）	人数（1928年4月）
德国	223	223
日本	2500	700
英国	1150	114
美国	450	80
法国	140	123
比利时	19	16
意大利	40	46
荷兰	10	10
合计	4532	1312

汉口的五国租界最初都不准中国人居住,不准中国人在租界购置房地产,后来,随着"华洋互市"的加剧,租界里"挂旗"行为增多,即中国人打着洋人的旗号、或委托洋人购置房地产的现象日益普遍,加上租界当局为了繁荣市面、增加税收,也对华人居留租界放宽了限制,于是租界里的中国人在数量上逐渐增多,并远远超过了外国人。中国国内的战乱与革命又进一步促使华人大量涌入租界,到了20世纪二三十年代,除日租界外,在其他四国租界的人口构成中,华人已大大超过了洋人。

以1928年的统计数据为例:②

类别	中国人	外国人	合计
第一特别区（原德租界）	9252	280	9532
第二特别区（原俄租界）	4705	399	5104
第三特别区（原英租界）	5726	614	6340
法租界	11899	570	12469
日租界	985	1910	2895

---

① 武汉地方志编纂委员会主编《汉口租界志》第41页,武汉出版社,2003年。
② 数据来源:武汉地方志编纂委员会主编《汉口租界志》第43页,武汉出版社,2003年。

汉口开埠后的相当长一段时间里,绝大多数外国人是居留在英租界的。

英租界1861年辟建,年内即有英、美、俄、法、普鲁士等国商人来到汉口。因为当时只有一个租界,他们大多居住在英租界里。同治年间(1862～1874年)增加了丹麦、荷兰、西班牙、比利时、意大利、奥地利、日本、瑞士、秘鲁等国商人,1875年后又增加了巴西、葡萄牙、刚果等国商人。加上早年就在汉口经商的挪威、瑞典商人,来到汉口从事贸易活动的国家多达20余个。

据有关资料统计,1891年在汉口居留的370名外国人中,英国人151名,其余的来自德、俄、美、法等8个国家,共119人。1910年,在汉口的英国

大多数华人都居住在租界这样的里弄中,这是位于英租界内的江汉村

人增加到1061人,其中官吏43人,商民309人,教士129人,教习16人,律师4人,医士14人,艺师216人,妇女330人。① 1927年中国收回英租界后,英国在汉的侨民大为减少:1928年为344人,1931年为174人,1937年为155人。尽管英国人减少了,但英租界里的西方侨民仍为数不少。由于英租界面积较大,且紧邻汉口繁华市区,外国侨民多乐居于此,这种状况一直延续到20世纪30年代,英租界成为来汉口的西方人居住最多的地方。

汉口开埠之初,德国在汉从事贸易的人不多,贸易额也不大。到19世纪80年代以后,德国来汉的商人渐多,他们主要从事工商业,开办洋行。1891年以前,来汉的德商有15人,这期间,德国的几个大洋行,诸如礼和洋行、美最时洋行、西门子洋行等先相继在汉口开设分行,各类商业贸易服务人员迅速增加。1910年,德国在汉口的商民达235人,多住在英租界和德租界。德国商人在蛋品、五金贸易中占据重要地位。第一次世界大战爆发后,中德之间的贸易被英、法切断,在汉口的许多德国人也回国参战。1917年中国参战并对德宣战,中国政府收回了汉口德租界,德侨人口一度减至40余人,1928年又增加到106人,1935年达162人。1938年10月日军占领汉口后,德国人在这里继续从事进出口贸易活动,至1942年1月仍有123人。

德租界的外侨为数不多,但居住在德租界的中国官绅商民人数却不少,其规模仅次于法租界。这主要是由于德租界房价较其他租界更为低廉,环境也较幽静,汉上的达官显宦、富户巨室乐意在此置办房产。1917年,湖北地方政府接管

---

① 张寿波《最近汉口工商业一斑》,汉口商务总会,1911年。

了德租界,将其改为汉口特一区,名称变了,实质却没有太多的变动,特别是在市政管理体制上,一仍其旧。所以,在此后的一段时间里,汉口的许多富商大户依然乐意在此置产安家,上述因素导致德租界以及后来的特一区人口规模一直位居五国租界的前列。

俄国人在19世纪上半叶就在来汉口及其周边一些地区活动,主要在蒲圻、崇阳一带收购茶叶。汉口开埠后,俄国商人纷纷涌入,设立洋行,扩大茶叶贸易,著名的阜昌洋行、新泰洋行是最早"入住"英租界的洋行。俄国商人深入茶叶产地,在蒲圻羊楼洞等地设置砖茶厂,不久又将砖茶厂迁入汉口英租界。

俄租界里的珞珈山公寓,当年为外侨集中居住之地

长期以来,俄国商人独执汉口茶叶贸易之牛耳,因此,俄国政府对汉口极为重视,汉口俄租界是他们在中国通商口岸开设的第一个租界,很自然,它就成了俄国侨民在中国内地集中居住的地方。1891年以前,汉口的俄国人只有41名。俄租界建立后,俄侨人数渐增,1910年为79人,其中商人34人,官吏4人,教习3人,艺师5人,妇女33人,以后逐年增多。即便是十月革命后俄租界被中国政府收回,原帝俄的商民依然居留在汉口,人数不仅没减少,反而呈增长之势。至1929年,居留在汉口租界的俄国侨民仍有179人之多。这些人多系白俄,其中三分之一是拥有一定资产的商人,或原帝俄驻汉口领事馆的官吏及职员。余者多是些没有资产的流亡者或贫困之人,他们在汉口以卖毛毯、卖洋服为生,或做乐师、艺人,或当司机、教员,有的还从事一些低级的营生,如酒吧招待、妓女等等。俄租界以及后来的汉口特三区里充斥着这样的群落,直至1938年日本占领汉口前,

租界的里弄主要居民是中国的绅商及中产以上人家

白俄侨民一度达到300多人。武汉沦陷以后,他们中许多人仍生活在汉口的租界里。①

在汉口五国租界中,法租界辟建的时间较晚,面积最小,虽几经越界扩建,仍不及其他租界大,然而法租界留存的时间最晚,人口也最多。不仅外国人多居于此,也有大量的中国官绅商民集聚在这里,使法租界成为人口密度最大、人员结构最为复杂、城市生活最为繁华的地方。

汉口开埠不久,法国商人便来汉口从事贸易活动。1891年前,在汉口经商的法国商民只有16人。法租界建立后,法国商人未见明显的增长,1901年,汉口有法国洋行7家,法侨14人。1910年,在汉口的法国人增加到86人,其中官吏4人,商人16名,教士19人,律师2人,医士8人,妇女37人。

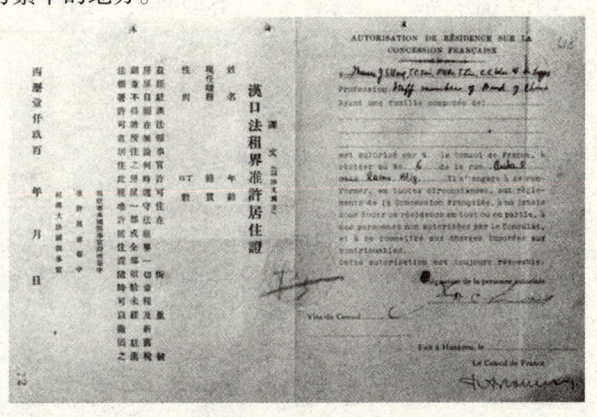

汉口法租界准许居住证

至1923年,由于大量华人涌入,汉口法租界的总人口达8783人,其中华人多达8250人,占总人口的93.9%;外国人有533人,占总人口的6.1%。在这五百多名外国人中,法国人只有52人,其他则是二十多个国家的侨民,这些国家包括英、美、德、俄、日、意大利、比利时等与中国签订有条约的国家,还包括欧美的其他一些国家,诸如葡萄牙、西班牙、希腊、瑞士、立陶宛、丹麦、罗马尼亚、塞尔维亚、捷克、匈牙利、朝鲜、越南等,由此可见,在汉口五国租界中,法租界人口最多,人口结构也最为复杂。

1928年以后,汉口的德、俄、英租界相继收回,改为汉口特别行政区第一区、第二区、第三区(简称特一区、特二区、特三区),尽管原来的租界市政管理体制没有发生实质性的改变,但行政主权被中国收回了,中方在此设立了特别行政区管理局,此后,特一区、特二区、特三区仍然有别于华界,是相对"自由"的空间,但较之于以前"国中之国"的特殊地位,显然已有很大的差别。特区虽"特",但毕竟不是原来的租界了,这对于那些希冀托庇于租界特权以获得非法利益的人来说,无疑是大失所望的。于是,各类人员、包括原来居住在俄、德租界里的人员开始流向法租界,法租界成为达官显贵、富户巨室、以及各类边缘人员争相往赴的地方,成为五方杂处、人员辐辏之区。1928年,法租界的总人口已突破万人,居汉口各租界的首位。以后逐年有所增加,抗战军兴之时,法租界的人口骤增,到1938年底,大批中国难民前往避乱,法租界总人口达到47571的峰值。具体情形参见下表:

---

① 参见武汉地方志编纂委员会主编《汉口租界志》第51页,武汉出版社,2003年。

法租界人口构成概况①

人口构成	1934 年	1936 年	1937 年	1938 年	1939 年
外国人	575	602	481	490	318
中国人	12259	14890	22651	47081	26652
合计	12834	15429	23132	47571	26970

日本人到汉口经商比西方列强要晚，至 1891 年，汉口只有一家日本洋行，10 名日商。中日甲午战争以后，日本人在汉口的势力大增，1895 年日租界建立后，来汉的日本人迅速增多。1901 年为 74 人，1905 年为 528 人。民国初年，在汉的日本人已过千名，成为人数最多外侨群落。当时的日本驻汉总领事水野幸吉向日本朝野极力鼓吹经营汉口和长江流域，促使一批日本商民来到汉口。1910 年，在汉口的日本人达 1079 人，其中官吏 5 人，商民 244 人，教习 38 人，医士 24 人，艺师 143 人，妇女 253 人，其他 372 人。在外侨中跃居第一位。

1937 年上半年，居留汉口的外国人共 3938 人，其中日侨 1894 人，占整个外侨人

20 世纪以后，日本人成为汉口人数最多的外国人

数的一半左右。全面抗战爆发后，日侨曾大批撤出汉口。1938 年 10 月，日军占领汉口后又卷土重来。1945 年日本投降，集中在汉口日德侨民管理处的日侨达 1 万多人。②

租界在最初是作为外国人的居留地而辟建的，列强在与清政府签订租地条款时都不约而同规定，中国人不准在界内居留，更不能在界内购置房地产。那个时候，汉口租界几乎是清一色的洋人，不管是英国人、法国人、德国人、俄国人、美

---

① 数据来源：《武汉市志·总类志》武汉大学出版社，1992 年。
② 武汉地方志编纂委员会主编《汉口租界志》第 52 页，武汉出版社，2003 年。

国人、丹麦人，还是印度人、安南（今越南）人，总之是外国人，以及来自他们殖民地的仆从。租界里的中国人除了买办、教徒、仆佣等少数成员，总体上为数不多。这种以外籍侨民为主体的人口结构是租界初创时期的人口特征，不过它为时很短。随着租界的连片建成，以及租界作为一个城市社区的逐步形成，特别是随着汉口进出口贸易的迅猛发展，华洋互市的规模不断扩大，租界已不仅仅是外国人的居留地，而是"华洋杂处""中外交通"的场所了。租界功能的嬗变必然导致人口结构的相应变化。

早在租界当局严格限制中国人居留租界之时，即有"挂旗"的变通之法，现在面对着租界快速发展的内在需求，面对着功能转变的现状，面对着增加税收的利益驱动，各国租界当局不约而同地放宽了对中国人入居的限制。道理很简单，没有大量

大量的中国人在租界里从事着各种各样的力役

的中国人的参与，租界的发展是无从谈起的。这是租界辟建以后所表现出来的事实。于是，通过"挂旗"乃至其他方式定居于租界的华人越来越多。

有一则事例颇能说明这一点。

民国时期，汉口法租界赫赫有名的富商毕亚格，早年不过是一无业游民，来到汉口后，正遇着租界发展的大好时机，他利用中国人在法租界购置房地产必须请外国银行、洋行出面登记，即所谓"挂旗"的规定，在法租界江边开设了一家洋行，名曰"比格洋行"，专门代理"挂旗"业务。由于请求"挂旗"的中国人很多，比格洋行的生意异常的火爆，几年下来，毕亚格就赚取了大量的佣金，一文不名的无业游民转眼间竟成为巨富。毕亚格不仅成了法租界的纳税大户，而且也成了法国驻汉领事的座上宾，社会身份随之飙升，成为法租界的闻人。他连续14年担任法租界工部局董事会的董事，还身兼汉口万国交通委员会的法国委员、万国医院董事会的董事长等要职。① 毕亚格经营"挂旗"业务暴得大富的经历从一个侧面说明华人向租界大举"流动"的事实，正是华人向租界的大规模流动，促使租界人口迅速增长，租界的人口结构也因此发生了重大的变化。

从20世纪二三十年代汉口租界当局的人口统计数据中可以清楚地看到，在民国初、中期，除日租界外，英、俄、德、法租界的人口结构都出现了重大的变化，华人在租界总人口中的比例已占到90%以上，华人已成为租界人口的主体。

---

① 武汉地方志编纂委员会主编《武汉市志·人物志》第1097页，武汉大学出版社，1999年。

从社会成分上看,租界里的华人大多是中上层的绅商,买办自然是其中的重要的成员,而此时更多的则是普通的工商业主阶层,他们在汉口老城厢都经营着一份不错的产业,为保全财产计,往往在租界购置一定的房产,遇着战乱,就依靠租界的房产以为退路。譬如汉口的邹协和银楼、汪玉霞食品杂货店、谦祥益衡记布店、

汉口谦祥益布店的牌匾,这家老字号也在租界置有房地产

叶开泰参药店等著名字号都曾在租界置办过房地产。① 此外,失意的政客、携款而来的军阀、前清的遗老遗少、当时的文化名流也是其中为数可观的成员。英国记者兰孙姆在其所著《武汉革命外记》一书中,生动地记述了1927年在沪、汉租界所见到的失意军政要人,他们"失败后逃亡的第一着是走入租界区域,再准备款项,购买船票,乘头号舱位去畅游日本"。

又,由于租界作为"国中之国"以及体制外特区的"特殊地位",也诱使许多"作奸犯科"之流、"不法亡命"之徒、政治反对派、革命者等各类"非常"之人流入租界,他们的渗入也为租界斑斓驳杂的人口添上了另一道色彩。

汉口租界,从人口的构成上看,既是一个五方杂处的地方,也是一个五色斑斓的场所。

二、租界生活:一种别样的人生

1. 现代都市生活的发源地

租界是列强按照本国城市的样式建设起来的现代城市社区,它的都市景观和生活风貌都透着现代时尚的气息。与中国传统城市生活相比,租界在道路建设、城市规划、生活设施和商业设施方面,都不同程度地印刻着现代工业文明的痕迹,租界当局将本国的新

德租界的江岸街街景

---

① 参见《武汉文史资料》2006年第6期至2007年第12期之"武汉老字号"系列,武汉市政协文史学习委员会编纂。

技术、新风尚在第一时间里就运用到租界里，使租界在某种程度上保持着与现代潮流的同步。先进的现代工业技术孕育出先进的物质文明，使租界成为所在城市现代都市生活的发源地。

汉口租界的所在地，原是一片江边荒滩，仅有零星的几家住户，几条简陋的乡间小路，此外，没有任何市政设施可言。英租界开辟后，为便捷交通、便利生活，租界当局把修筑道路作为市政建设的第一要务。后来的俄、法、德租界也把修路置于租界建设的首要地位。由于严整的规划和道路体系的协同一致，使五国租界的主要干道虽修筑的时间先后不一，却能连为一体，整个汉口租界区由此形成了一个相互关联的道路网络，并在道路的走向、宽度与街景方面呈现出整齐划一的面貌。

英租界的河街、俄租界的河滨街、法租界的河街、德租界的江岸街、江汉街与日租界的河街首尾相连，形成一条宽阔的滨江大道，即今天汉口的沿江大道。

英租界的洞庭街、俄租界的鄂恰街、法租界的吕钦使街连缀成一条与沿江大道平行的街道——洞庭街。

英租界的鄱阳街、俄租界的开泰街连接成今天的鄱阳街。英租界的湖南街、俄租界的玛琳街、法租界的德托美领事街、德租界的汉中街、日租界的中街与大和街一以贯之，构成纵贯五国租界，长达3.8公里的大道，即今天的胜利街。再加上几十条横街，于是就形成了一个纵横交错的城市道路网。

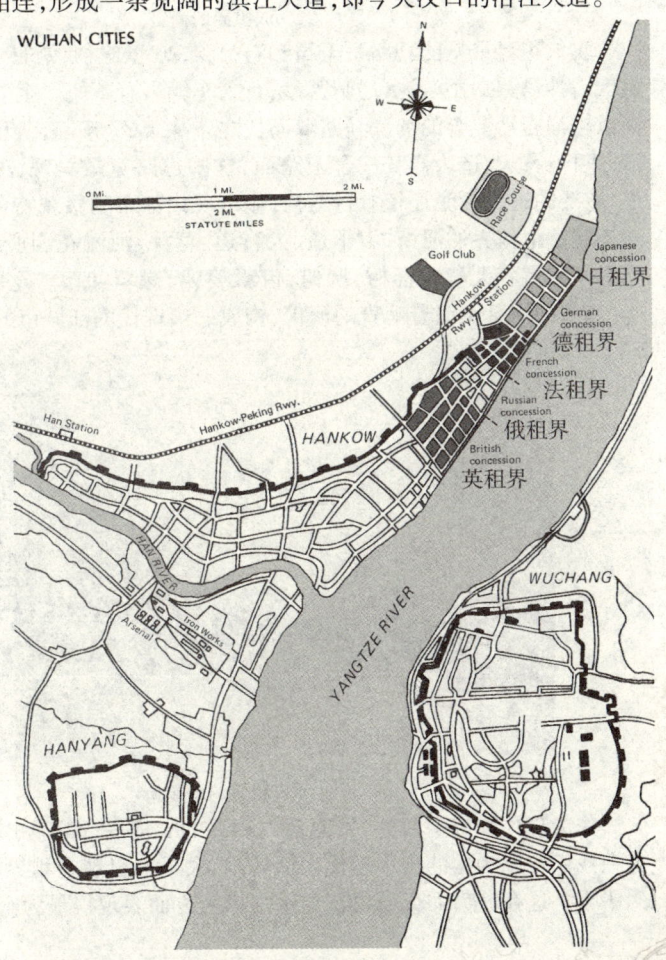

从图中可以看出五国租界道路纵横贯通的状况

汉口的租界

法租界的街道

汉口租界最早的马路是土路和石板路，20世纪初，始有碎石马路、石沙马路，但因石沙马路遇雨苦泥，遇晴苦沙，行人车辆多有不便。至20世纪的20年代，逐渐以柏油石沙混合的油渣马路取而代之。从1937年起，法租界开始铺设沥青路面，人行道也改造为洋灰三合土路面，这些道路宽敞美观，道路两旁都留有人行道，重要的道路两旁还植有行道树，显出现代都市的景观特色。特别是从南向北连接起整个租界的河街，由干道、人行道、草坪、河滩花园所组成，主干道与人行道之间种植着大量的杨树、柳树，树影婆娑，绿草如茵。宽阔的江面、成行的树木、如茵的绿草点缀着笔直的河街，构成一幅现代滨江城市的独特景观。

日租界的山崎街

作为现代都市生活的"发源地"，租界的衣食住行都显出了几分现代的气息。现在我们习以为常的许多现代生活场景，最早都出现在租界里，并由此波及汉口的华界。这在城市的交通出行与水电供应方面表现得最为突出。

汉口租界里的人力车

20 世纪初出现在汉口租界街头的小汽车

  1888 年，汉口租界出现了第一辆由日本人礁加发明的"东洋车"（人力车）；

  1903 年，英国领事馆出现了租界里的第一辆小汽车；

  1907 年，人力车才开始在租界外街头行驶；

  1912 年，法商在汉口歆生路创办出租汽车行，有小轿车 6 辆，为武汉公共交通使用机动车之始。

汉口的租界

英租界里的汉口电报大楼旧址

到1921年,汉口租界共有华、洋车行13家,拥有人力车1500余辆,其中最大的车行是法商利通车行,有出租车490辆。

20世纪初,汉口的五国租界已普及电灯照明。道路两旁皆有路灯,夜幕降临之时,华灯齐放,霓虹闪烁,宛如白昼。

租界的通讯方式更是开汉口现代邮政电信之先河。电报、电话以及邮政设施,形成便捷的信息网络。其他如报社、电台、通讯社亦无不应有尽有。

1866年,中国海关试办邮政,但由英国人掌握。

1872年,英国领事馆在租界内设立英国邮政系统,称为"客邮"。

1893年,英国人还在租界里开办地方邮政机构"汉口书信馆"。

1898年,邮政汇款形式引入汉口。

1900年,租界内始设邮箱。

1901年,"租界电话"由德商西门子洋行开办。电报业则始于1884年4月,最早由清政府经营,业务则多在租界区。

……

几乎所有的与现代都市生活相关的要素,都发端于租界。

作为公共舆论的重要载体,报刊杂志的创办与普及既是现代市民社会形成的重要标志,也是现代城市社会生活的一大特色。汉口的现代报纸传媒业也发轫于租界。

中国工人在汉口俄租界铺设下水管道的情景

汉口开埠以后,大批外国传教士、商人、外交人员以及身份不一的浪人来到汉口,这些来自不同国家、身份各异的外侨为了传播信息、交流商情,便有了创办报纸的要求。1866年1月6日,武汉第一张现代报纸《汉口时报》(英文)在英租界创刊发行。1874年后,英国人相继创办了多份报纸,如《汉皋新闻》(1874)《开风报》(1875年)《新民报》(1880年)《字林西报》(英文,1893年)《自由西报》(英文,1893年)《汉口小报》《汉报》《楚报》(英文,1904年)等。

继之,德、日等国在汉的领事机构、商人团体以及教会组织竞相效仿,创办了各类报纸期刊,诸如《谈道新编》(月刊)《昭文日报》《武汉近事编》(周刊)《益文月刊》《中国传教士》(季刊)《普通文报》(月刊)《中国教会报》《汉口日报》《湖广月报》《华文评论》(季刊)等,总计不下三四十种。在20世纪以前的三四十年间,汉口的报纸期刊,几乎全在租界。①

英文《楚报》报馆大楼

在租界里,除了外国人创办的报纸期刊,中国人创办的报刊也呈迅猛发展之势。1873年,第一张华人办的报纸《昭文日报》由艾小梅创办。1893年赣商周菘甫创办了《汉报》,此后,华人报刊数量和种类远远超过了洋人所办的报纸。除报刊杂志,租界还设有外埠报纸的分销机构。

民国初年,汉口有民办

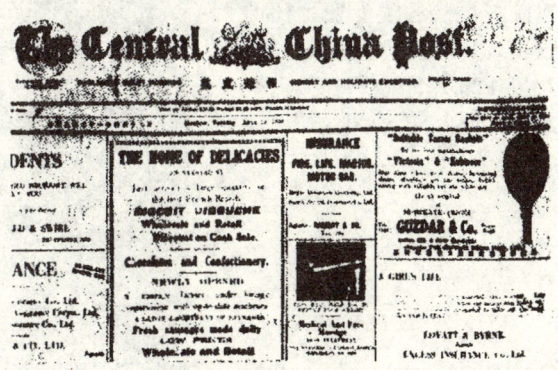

英文《楚报》的版面

报纸32种,报社报馆大多设在租界,这些报纸由具有不同政治背景的党派或团体主办。租界的特殊环境,为这些报刊提供了相对"自由"的空间,这些报纸"言华界所不能言""讲华界不能讲",表述民情,传达民意,介绍新潮,倡言革命。充分发挥了"公共舆论"在现代社会中的特殊功能。

---

① 湖北省地方志编纂委员会编纂《湖北省志·新闻出版志》上册,第5页,湖北人民出版社,1990年。

当年《汉报》的版面

现代都市生活具有很强的社会化特征，人们的衣食住行越来越整合到社会组织之中，专业化、职能化的社会组织与人们的生活发生着越来越紧密的联系。医院、学校、各类专业社团的大量出现是现代社会的重要特征，租界作为一个现代城市社区，医院、学校等专业化组织较为发达。

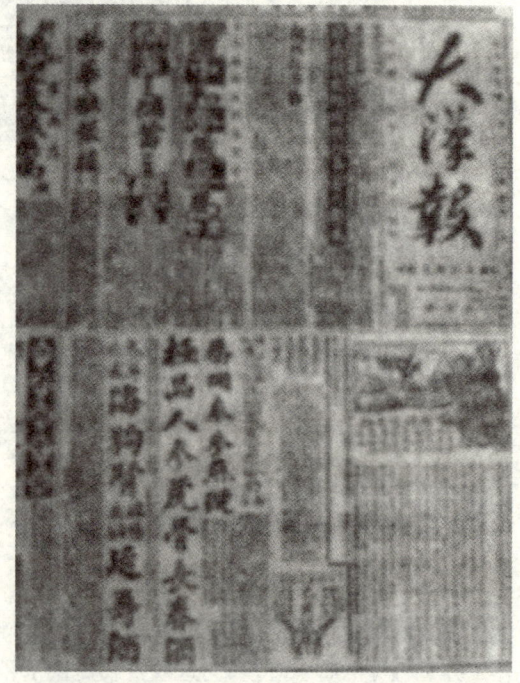

在《大汉报》第一版上，广告已占了很大的篇幅

俄租界的万国医院旧址

现代医院在汉口的出现源于外国传教士在武汉地区的传教活动,早在租界辟建以前就已经出现。为"广结善缘",吸纳中国教徒,扩大教会的影响,外国传教士十分注意以"仁爱济世"之名,对武汉地区的普通民众施医发药,进而在汉口开办医院。

最早的一家医院就是由英国基督教循道会医生史密斯于1864年在汉正街的金庭公店创办的,称为"危斯里会医院",后定名为普爱医院。接着,英国基督教伦敦会教士杨格非于1866年在花楼街居巷创办仁济医院。租界设立以后,教会医院及普

汉口普爱医院

通医院相继在租界建立起来,意大利天主教汉口主教江成德1880年在汉口英租界开办天主堂医院。1911年前后,汉口租界共有外国医院三所,有病床300余张,医务人员百余名。① 1912年,英、法、德、俄、美等国在俄租界的阿列色耶夫街(今黎黄陂路)建成万国医院。除此之外,华人也在租界开设医院,主要是平汉铁路汉口医院、汉口红十字会医院。还有一些规模较小的私立医院和诊所。它们

---

① 武汉地方志编纂委员会主编《汉口租界志》第302页,武汉出版社,2003年。

大多只有1~2名医师，几张病床，最多十几张病床。至抗战前夕，武汉三镇的教会医院和外国人开办的普通医院共有12家，设在租界里的则有万国医院、天主堂医院、同仁医院等。这些医院在医治病患的同时，也传播了现代西医西药知识，培育了一大批中国的医护人员。

法租界的高氏医院旧址

在租界的医院中，由江成德主教担任院长的天主堂医院是一家规模较大的综合性医院。该院1895年在汉口确诊了第一例霍乱病例，后来开设了传染科，开创武汉地区治疗霍乱的先河。1914年，该院开始使用X光机诊病，这也是汉口乃至中国内地最早的。为就地培养医护人员，解决医院医疗人员奇缺的状况，江成德还在天主堂医院内开办了附属医学堂，名为成德医学堂。为武汉地区培养了一批医疗护理人员。

汉口同济德文医学堂校舍

1910年，英、法、德、俄、美、波、奥等国的驻汉领事馆，英、法、俄、德四国租界的工部局，连同租界内各国人士共同集资九万余两白银，修建了万国医院，经过两年的建设，于1912年竣工开诊。该院院长由意大利修女阿尔只达担任，医院的业务管理由天主教会负责，除了专业医师，其余医疗护理人员全部由来自21个国家的修女担任，故称万国医院。万国医院最初只接诊外商、外侨，以后逐渐接受中国病人。万国医院医术精湛、护理周全，在当时享有很高的声誉。蒋介石、刘湘都在该院接受过治疗。1931年武汉遭遇特大水灾，该院积极参加救灾工作，专门组织医疗小组深入灾区，并将医院的一楼病房腾出来，作为部分灾民的安置点。博得了良好的社会声誉。

基督教伦敦教会医院里的男护士

1902年，日本同仁会在汉口德租界开办了同仁会医院，同时创办了一份专业医学杂志《同仁月刊》。对传播现代西医西药知识起到了积极的作用。

现代医疗设施在租界里大量出现，医生、特别是外科医生开始进入汉口市民的视野，纪立生（1859～1937）就是其中的一位。他以精湛的

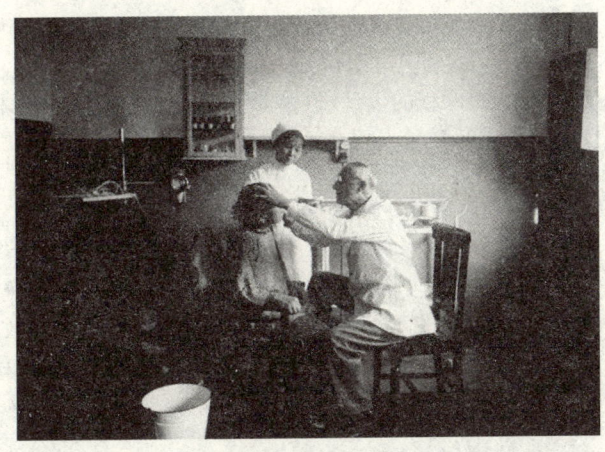

外国医生在给病人看病

"刀法"而为人称道，是当时活跃在租界内外的最有名的医生。他是英国人，基督教伦敦会传教医生，1882年任汉口仁济医院（今武汉协和医院前身）的外科医生，成为武汉地区最早的外科医生。他在汉口成功地实施了第一例阑尾切除手术。1893年，纪立生开始主持仁济医院，使其规模不断扩大，1902年，纪氏又在汉口创办湖北地区最早的训练西医的学校——大同医科学校。1923年任仁济医院院长。1928年仁济医院易名为协和医院，他再次担任院长。使该院成为中国内地规模最大、技术最精良的西医院。

汉口开埠以后，西方传教士陆续进入汉口。为便于传教和为外国洋行、公司、银行培养精通英语并具有一定西学知识的华人，各教会先后在汉口、武昌创

办了各种层次与类型的学校。

1871年,美国基督教圣公会在武昌创办文书院,开西方教会在汉办学之先河。

此后,天主教、基督教各传教组织先后在武汉地区创办了小学、中学、大学,共计40余所,其中有13所位于汉口租界内。大学有位于法租界的明德大学,中学有圣罗以女子中学、懿训女子中学和法汉中学,小学有新光小学、三育小学、法汉小学、望德小学、圣玛利亚学校、安多小学等。① 此外,在租界里还有私立和公立的中小学多所。

法租界内的圣罗以女子中学校门

应该说,租界是武汉地区近代学校教育体系的发源地,汉口租界里的学校,不论是中学,还是小学,不论是教会办的,还是私立的,它们在教育目标的设定、学生的招收、课程的设计、班级的编排、年级的划分、教材的编撰等方面都不同程度地引进或"移植"了近代西方的学校制度,从而与中国传统的学制形成了本质的区别。

譬如在招收学生时,打破了传统的身份限制,既有官宦子弟、富家子弟,也有大量贫民子弟;既有男生,也有女生。在课程设置上,以现代自然科学和社会科学的分科为基础,划分科目,确定课程。打破了中国传统书院以"四书五经"为教学内容的窠臼。还有体育课、音乐课的设置也是传统教育体制中闻所未闻的事情。凡此种种,都使租界成为一个充分展示现代教育风格的先进之区。

创办于1875年的汉口圣希理达女子学校

不可否认,租界里的学校、特别是教会学校带有明显的宗教目的和殖民需求,这在它们的办学宗旨、教学内容等方面多有反映,然而,这些教会学校或私立学校在后来的发展过程中所产生的实际效果,却与它的创办者——教会或租

---

① 武汉地方志编纂委员会主编《汉口租界志》第289页,武汉出版社,2003年。

界当局的初衷相去甚远。开通风气、传播新知、启蒙思想,这是租界里的新式学校所产生的显著社会文化功效,这种功效具有广泛的社会意义,它将对汉口的传统教育体制、进而对传统的社会结构产生巨大的冲击。

体育是现代闲暇生活的重要形式,在汉口租界中,休闲体育运动、竞技体育运动以及博彩体育活动都得到了全面的开展。这些体育活动最初只在洋人之间进行,渐渐由教会学校在整个租界社会推广开来,又由租界逐步影响到武汉三镇。

20世纪初,汉口五国租界兴建了一批体育活动场馆,如保龄球馆、手球馆、高尔夫球场、网球场。租界内的体育场馆多属于休闲类运动,如马道子、俱乐部(又称波罗馆)、法国靶场、弹子房、游泳池、滑冰场、摔跤馆等。由于租界空间局促,大型体育场馆无法建设,于是租界当局就在界外的"飞地"兴建了一些大型体育场馆,如西商跑马场、德国球场、高尔夫球场等。

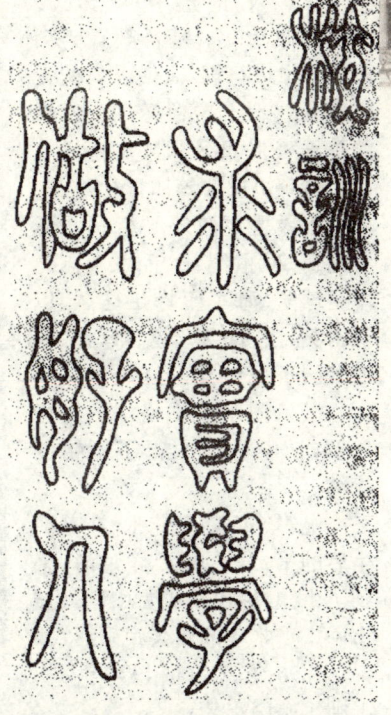

汉口懿训女中的校训:求实学,做好人

租界内外的教会学校如博学、博文、文华、法汉、圣罗以、圣若瑟、辅德、青年会中学等都设立了体育课程,建设了一批体育场馆,田径、球类等竞赛性体育活动得到了广泛的开展。①

租界内的一些社会团体也积极开展体育活动,如基督教青年会,本是一个宗教性团体,后来演变为一个具有多种功能的社团。在推广现代体育运动方面它也做了大量的工作。民国初年,基督教青年

私立安多小学的学生正在做操

会定期举办大型篮球竞赛,发起组织了汉口业余篮球队,该会设有健身房,内部设有篮球场地专供人们练习之用。基督教青年会还在汉口积极推广排球运动,

---

① 参见《汉口租界志》第345~347页,武汉出版社,2003年。

汉口的租界

当时排球被称为"对球",还是一项游戏活动。基督教青年会组织人员进行训练,使汉口的青年学生熟悉了这项运动。该会的总干事宋如海积极支持成立汉口体育协进会等体育社团。

租界里不时还举行一些球类比赛,20 世纪 30 年代,英国海军足球队、海军蜜蜂足球队、以及由英、法、日、德、意、俄、比、印度等国侨民组成的红足球队多次与汉口博学中学足球队进行比赛,博学中学取得了不错的战绩。

电影这门新兴艺术,在其诞生后的第二年,便漂洋过海,来到了中国,很快就成为中国大城市中广受欢迎的新兴娱乐形式。

1896 年,汉口租界第一次上映了美国影片;

位于法租界内的汉口基督教青年会,当年成为体育运动的积极倡导者和组织者

1912 年,法商在汉口法租界的福熙将军街(今蔡锷路铁路工人俱乐部处)开办了第一家专业影院——百代大戏院;

法租界里的电影院,1931 年大水时的情形

1917年俄商在威尔逊街(今一元路)开设维多利大戏院;
此后,一个又一个影剧院在租界里诞生。
1918年法商在福熙将军街(今蔡锷路)开设威严大戏院;
1920年在西贡路(今蔡锷路中山大道处)开设康登大戏院;
1924年意商在兰陵路开设环球大戏院;
1927年汉口商人陈立夫(又名履福)在汉景街(一元路口)开设世界影戏院……

电影将人们带向了现代时尚的生活,当人们坐在影院里感受着剧中人物的悲欢离合时,百佬汇曼妙的舞姿、精致的巴黎服饰、好莱坞影星的发型、欧美中产阶级的生活情调都已悄悄地走进了人们的生活。

总的说来,在当时的汉口,租界引领着时尚的潮流,传导着现代生活。

它既是一个"异质文化"的空间,又是一个现代文化的空间。

汉口租界里张贴的电影广告

这个空间并不大,能量却不小。

透过这个特殊的空间,汉口的市民看到了一个与自己迥然不同的"西洋景",看到了令人目眩的现代工业文明,看到了让人怦然心动的现代西方生活。

当然,也看到了藏在西方文明背后的许多伪善、丑陋与罪恶……

2. "化外"之域:租界里的黄、赌、毒

租界是"国中之国",是超凌于中国政府现有体制之外的"特殊空间"。

因此,许多"非法"的、在汉口老城区明令禁止的活动在此都能"合法"地展开,无所顾忌,公行无阻。租界因此成为一个放任自流的"化外"之地、一个善恶莫辨的"邪恶"之地。

娼、赌、毒历来为社会三大公害。赌、娼之害由来已久,而烟毒则始自清代中叶。清政府以及后来的中华民国政府对娼、赌、毒的禁令虽然时紧时松,但明令禁止却是一以贯之的。在某些时候或某些地方,娼、赌、毒可能会"禁"而不止,甚或出现猖獗之势,但那总归是见不得阳光的阴暗勾当,是一种地下进行的"越轨现象"。而在租界中,这些原本在地下进行的丑恶现象却被披上种种合法的外衣,公然行之于世。

当然，以文明自诩的租界当局是不会公开承认黄、赌、毒的合法性的，他们在其相关法律法规中都有明令禁止此类活动的条款，有时还三令五申。然而，五国租界的情形各不相同，对娼、赌、毒的禁令也宽严不一。

五国租界中，英租界经济发达，居住在此的中外人士多系工商各界的上层分子，是汉口租界中的"高尚生活区"。再者，英租界工部局对烟、赌、毒三令五申地加以禁限，故而界内的烟、赌、娼现象较为少见，街区生活环境较为明净，治安状况较好。然而，公开的

法租界里的巡捕

黄、赌、毒容易禁止，暗下的活动却难以禁绝。据英租界工部局的统计，1902年，巡捕房抓获的吸食鸦片人犯257人，114人罚款，37人保释，29人监禁，77人移交中方。① 可见，毒品在英租界仍未禁绝。

法租界也曾明令禁止"三害"，1900年，法国驻汉领事馆颁布第147号令，明确规定："禁止麻醉品（包括鸦片、吗啡、海洛因、可卡因等）的生产、使用和出售。"禁止制作、储存、零售、吸食鸦片。同时规定：所有帮助使用麻醉品的场所同样被禁止，经营者和顾客将被处以罚款和拘捕。根据该法令，法租界巡捕房也对贩运、吸食毒品者予以处罚。

但是，1928年以后，情况却发生了很大的变化。法租界当局为开辟财源，"繁荣"租界，分别颁布了第285号和第412号令，对鸦片的使用作了新的说明。这些条令的核心内容就是以交纳一定规费（10～20美元）领取个人吸食鸦片许可证的形式，使吸食毒品的行为合法化。对于运售或变相贩卖毒品的行为也只给以经济处罚，在刑事上不作追究，从而使贩运毒品变成事实上的合法行为。从此以后，毒品的贩售与吸食在法租界就大行其道，终致泛滥成灾。

法租界当局以牺牲中国人民的道德与生命为代价换得了畸形的"繁荣"，敛得了大量的不义之财。在法租界当局的允许与纵容之下，一些不法之徒纷纷聚集于此，设场聚赌，蓄娼卖淫，贩毒吸毒，使法租界成为一个人欲横流、纵情享乐的花花世界，成为一个人妖混杂的鬼魅之地。

在此环境中，一些奸宄不法之徒借机为非作歹、坑蒙拐骗、大发横财，转眼间暴得大富的人不在少数。尉迟钜卿就是其中比较突出的一位。他本是江苏南京人，早年毕业于上海中法学校。1928年成为法租界巡捕房的华籍巡捕，后任巡捕

---

① 参见《武汉文史资料》（租界专辑），武汉市政协文史委员会编纂，1991年，第四辑（内部发行）。

房中文秘书兼翻译。与法国巡捕房的大保正交往甚密,得以狐假虎威,招摇过市。他对外自称是华籍警长,又加入洪门中的太华山,被寨主杨庆山封为"心腹大爷"。利用这些条件,尉迟钜卿与人合伙在法租界推销吗啡、红丸、鸦片、烟土等毒品,从中大发横财。还在法租界开设黄宫歌舞厅、星光球场、钜源盐号,并用敲诈手段购买土地、建造房屋,对法租界内的旅馆、妓院、烟馆、戏院收取"保险费",成为称霸一方的痞棍。①

法租界成了贩毒吸毒的天堂,毒品的交易量十分惊人。

当时,法租界专门配备了一条名叫"万佛"的轮船,每月来往于汉口、重庆两次,专门运销云贵川一带的烟土。每次运来烟土时,都值深夜,由法国水兵与巡捕在江边布防,由专人搬运卸货,其中一部分再经大智门火车站运往平汉、粤汉线沿线各地。余下的部分则悉

法租界紧邻汉口大智门火车站,当年这里是法租界毒品走私的一个重要通道

数卖给租界里的烟馆,数量之巨,由此可见。据法租界巡捕房1937年的报告,当年共有4名吸毒过量者死亡,全年逮捕的非法使用麻醉药者63人。所谓"非法使用麻醉品"只是没有领取"执照"的吸食者,至于领取了"执照"的"合法"吸食者,那就不可胜数了。

法租界紧邻汉口大智门车站,人流既多且杂,更是赌场和妓院聚集的地方。汉口洪帮天目山"寨主"、黑社会头目周汉卿就依托法租界大肆进行黄、赌、毒的生意,他与尉迟钜卿在巴黎街开办了以赌博为主的俱乐部,赌法多样,赌额惊人。且日夜不停,包饭包烟,每日仅门票收入就达2500元,加上抽头,多达5000元。周汉卿从中获利甚巨。法租界西北角的长

法租界的德托美领事街一角。(当年这里的"黄""赌"活动十分猖獗)

---

① 参见《武汉市志·人物志》武汉大学出版社,1999年。

清里、辅堂里、如寿里等地都是公开聚娼的地方,从业的妓女只要到法租界巡捕房登记注册,领取许可证,遵守巡捕房的所谓"规定",便可"合法卖淫"。这是明娼,还有为数众多的暗娼,遍布法租界各地。明与暗的区别只是登记在册与否,至于卖淫嫖宿行为则都是无所顾忌的公开之举。时人谓上海、天津、汉口三处法租界为"东方巴黎",诚为不虚之言。

如果说法租界是赌窝淫窝,那么日租界则是毒窟。

由于位置偏僻,加上租界当局的纵容,日租界成为制毒、贩毒的大本营。鸦片、白面、红丸(吗啡加糖精)等毒品由此销往汉口及长江流域各地,成为内地最大的毒品聚散之地。据汉口禁烟总会1935年5月的报告,日租界内制毒场所及贩毒组织星罗棋布,计有贩卖红丸场所六处,制吗啡厂两处,吗啡店20处,鸦片营业所两处,皆由日本驻汉总领事馆予以保护,用种种秘密方法运出界外,以获取暴利。中国地方当局曾多次试图干预,都无济于事。日租界还有"三业组合"(事务所)和"汉口检番",以及娼寮、妓馆、御料理等等,都是从事色情服务的场所。此外,日租界的军火走私也十分猖獗,以至各地的土匪还纷纷潜入日租界,向日本浪人购买武器,为非作歹。旧汉口有一句俗话"下东洋租界去",指的就是干各种各样罪恶的勾当。①

租界就是这样一个地方,

一面是光鲜的外表,一面是龌龊的勾当;

一边是文明之风劲吹,一边是污泥浊水横流;

一面是对自由与民主的礼赞,一面是对强权与野蛮的膜拜;

文明与野蛮交织其间,优雅与丑陋交替出现。

或许,这就是租界的本来面目——

诡异、多样而又矛盾重重。

三、各种"异端"与边缘群体的栖息地

1. 革命党在租界的活动

从文化上看,租界是一个"异质空间";

从政治上看,租界则是一个"特殊空间",或者说"边缘地带"。

在封建专制的中央集权统治下,这里作为一个特殊的政治空间而成为各种"异端"的生长点与集聚点,也成为形形色色边缘人群的栖息地。

这种情形的出现并非租界当局刻意为之,而是由租界的特殊政治文化角色客观上所造成,是不期然而然的事情。正如恩格斯所言,许多时候,"恶的力量"比善的力量更能推动历史的发展,"恶的力量"成为历史的一种"不自觉的工具"。② 从某种意义上说,租界也是一种历史的"不自觉工具",在中国近现代史上发挥着特殊的作用,

---

① 参见《武汉文史资料》(租界专辑),武汉市政协文史委员会编纂,1991年,第四辑(内部发行)。

② 《马克思恩格斯选集》第4卷,人民出版社,1957年。

租界自辟建以后,各种被中国现政府视为异己的或异端的力量往往栖身于此,以求得体制外的政治生存。这种状况从清末一直延续到民国时期。从清政府通缉的政治犯、刑事犯,到政治斗争的失意者、失败者,直到遭到社会排斥与迫害的政治团体与个人,从19世纪末鼓吹变法维新的维新派人士,到倡言推翻满清帝制的革命党人,直到从事共产主义事业的中国共产党人,都在不同程度上利用租界这一特殊空间进行政治活动。

"庚子之乱"时,曾在长江流域谋举大事的自立军,其首领唐才常等人就在汉口租界组织了指挥机构。在辛亥武昌起义前,革命党人孙武等就在俄租界宝善里14号进行起义的组织与发动工作,建立了共进会的起义指挥机关。只因在试制炸药时不慎走火,被俄国巡捕所侦知,并迅速通知湖北地方当局,武昌革命党人的起义领导机构遂被破坏。

辛亥武昌首义的第一枪打响后,租界当局开始不予承认,随后则采取了中立政策,继而充当南北两方的调停人。汉口租界领事团推举英国驻汉总领事葛福出面斡旋南北议和,虽然他们偏向袁世凯,但在当时革命军已岌岌可危的形势下,南北议和对于稳定局面也具有一定积极的作用。民国建立以后,在发起二次革命和反对北洋军阀的斗争中,革命党人也常常出没于租界中。因为这层关系,即汉口拥有租界这样的"政治真空",使武汉在整个民国时期成为南北政治势力斡旋交争的重镇,成为国共两党争衡交锋的重要场所。

大革命失败以后,中国共产党人在城市里进行的革命活动大多以租界为掩护地,在国民党势力强大的上海与武汉,尤其如此。1921年10月,中国共产党武汉地方委员会成立,首先组织领导的工人运动就是租界人力车夫的罢工运动。继而领导了汉口英美烟厂工人的罢工。1926年,北伐军攻克武汉后,中共中央机关随之迁往武汉。1927年4月中旬,中共最高领导人陈独秀来到武汉,中共中央的机构也设在汉口的特二区(原俄租界)四民街61、62号,中共中央宣传部设在汉口辅义里,中共中央组织部则设在铭新街。都在租界内或紧邻租界的地方。

在长沙"马日事变"和武汉"夏斗寅叛乱"相继发生后,中共中央多次在汉口租界召开会议,分析形势,研究对策。共产国际的代表鲍罗廷、罗易等人也经常在此活动。"七一五"反革命政变以后,陈独秀撤出了特二区的中央机关,搬到汉口花楼街一家纸行隐蔽,中央其他领导人周恩来、瞿秋白、李维汉及中央秘书邓小平等人,则迁至特三区

在中国革命史上具有重大意义的"八七会议"就是在俄租界里的这幢大楼举行的

即前英租界湖南街的德琳公寓秘密活动。1927年7月25日，周恩来离开汉口前往南昌组织领导武装起义，瞿秋白、李维汉、张太雷等人留在汉口筹备举行党的紧急会议。这年的8月7日，在中国共产党历史上具有重要意义的"八七会议"在特二区三教街41号召开。当时，中共湖北省委机关也迁至特二区洛加碑路12号。新任命的湖北省委书记罗亦农、秘书长马峻山、继任的湖北省委书记陈乔年都居住在这里。在中共湖北省委工作的任旭、黄五一、林育南、任开国、郭亮等人经常在特二区的省委机关开会，间或也居住在此。①

1927年9月下旬，中共临时中央政治局从武汉迁至上海，也是将机关设在上海公共租界与法租界毗连的地方（今云南中路171号和173号）。同时，中共中央决定成立长江局，管辖湖北、湖南、河南、四川、安徽、陕西等省的工作，罗亦农任长江局书记。由于长江局的负责人基本是湖北省委的主要成员，为了工作的方便，长江局和湖北省委都设在特二区（原俄租界）的原址。后来，由于叛徒的出卖，设在汉口租界里的中共省委机构、交通站、采购站接连遭到破坏，损失惨重。中共在汉口租界的地下活动基本停止了。

"七七事变"以后，中共又恢复了设在租界里的机关组织。1937年底组建的"八路军办事处"在日租界挂牌成立，办公地点就设在原大石洋行。同时成立的中共中央长江局也在这里秘密办公。1937年11月，由江南红军改编的新四军在汉口日租界设立军部，12月25日，刻有"国民革命军陆军新编第四军"的牌子在日租界大和街26号挂起。1938年1月，项英率部离汉，在汉的军部即行结束，新四军在汉设立办事处，有关事宜委托八路军办事处代办。

"七七事变"以后，我国政府接管了日租界，这是设在日租界的"八路军办事处"，中共长江局也在此办公

---

① 武汉地方志编纂委员会主编《汉口租界志》第422页，武汉出版社，2003年。

抗战初期,设在汉口特四区——原日租界的新四军军部

2."体制外群体"在租界的活动

革命党人利用租界进行革命活动,而一些"体制外"的群体也纷纷依托租界这一特殊空间,或从事各种"非法"的营生,或逃避现政权的通缉与惩处,各种刑事犯、帮会人物就属于这一类情况。

根据清末的司法制度,中国人在租界外作奸犯科,成了中国政府通缉的刑事犯,即使逃入租界,仍受中国官府的司法管辖。然而实际的情况却不是这样,中国政府认定的罪犯一旦逃入租界,官府就很难将他们逮捕法办。

对于租界内现行的刑事犯罪活动,租界当局主要靠建立强有力的警察机构来侦查、缉捕。在通商口岸出现租界后,租界与华界不同的司法制度给了出逃的刑事犯以可乘之机。租界较为开放的人口管理制度又进一步强化了这一趋势。这样,许多被中国政府通缉的逃犯只

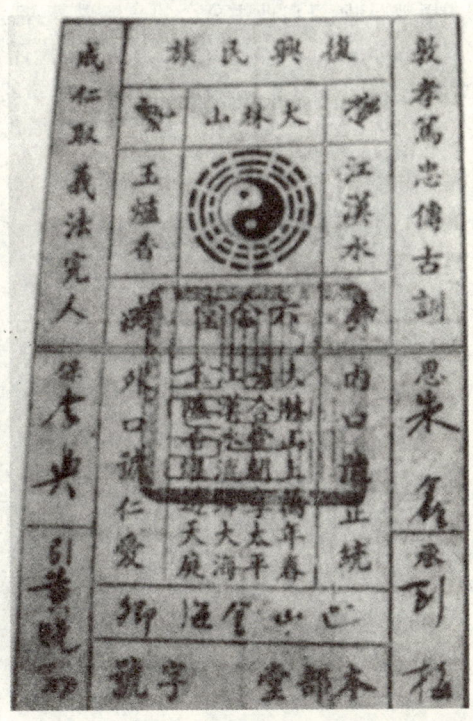

汉口洪帮的票布

要改名换姓,就可以轻而易举地在租界里长期隐藏下来。

汉口五国租界的经济都很发达,界内建有众多的工厂、码头、商店及戏馆、舞厅等,能够为流入租界的华人提供大量的就业机会。法租界和日租界内帮会组

织都拥有很大势力,公开的或地下的烟馆、赌场、妓院数量众多,贩卖鸦片、走私军火等"黑道"生意十分兴隆,这也为各种奸宄不法之徒的生存提供了适宜的社会土壤。逐臭的刑事犯、趋利的冒险分子往往托庇黑社会,从中牟取暴利。而黑社会头目也乐意利用这些亡命徒来充当爪牙。于是,他们之间就形成一种奇妙的"关系链"或"利益链",成为租界错综复杂的社会关系中一个独特的层面。

基于这种的缘故,汉口帮会和黑社会的一些头面人物都乐于在租界中活动,有的则干脆在租界购房置产,堂而皇之地做起寓公或闻人来。杨庆山就是这样的一位。

杨庆山(1887~1953年),湖北黄陂县(今武汉市黄陂区)人,民国时期武汉地区帮会的首领。早年在上海活动,与青帮人物杜月笙、张啸林等常相过从。1930年回武汉,任湖北绥靖公署侦缉处处长,少将军阶。这只是他的公开身份,而他更主要的身份则是洪帮太华山、栖霞山的"寨主"。为了发展帮会势力,他在特三区(原英租界)开设"道德善堂",即帮会的活动机构,招纳洪门"兄弟"、联络八方"豪杰"。他本人的公馆则在法租界。1930~1938年,杨所把持的"太华山""栖霞山"两寨的势力迅速发展,汉口工商界的许多重要人物如刘耀堂、老通城的老板曾厚诚、汉口业主公会的柴海楼等,都加入了洪门,并被封为"大爷"。许多旅栈业的业主,如大华饭店的甘青山、甲子旅馆的戴锦州、太平洋旅馆的陆子樵、红楼旅馆的秦培鑫、新新旅馆的路云生纷纷加入其中,都做起了洪帮的"大爷"。影响之大,连国民党湖北省党部的一些军政人员也"慨然"加入。①

汉口帮会头面人物的合影

汉口洪帮的另一个门派——"天目山寨",其"寨主"周汉卿也是以租界作为主要活动场所和经营场所的。周氏住在紧邻法租界的友益街,他的"产业"——

---

① 武汉市政协文史资料委员会编《武汉人物选录》1988年(内部发行)。

旅店、茶馆以及洪帮的香堂都在法租界附近。周氏后来专门在法租界内发展势力，开设赌场，贩运毒品，大发其财。日租界也有洪帮的势力，一度还很强大。洪帮的"大爷"傅昆山曾是日租界"包打听"（侦探）的头佬，手下有一帮弟兄在租界内专事聚赌。1913年，天目山寨主周汉卿想在日租界设立赌场，因遭到傅昆山的反对而未果，足见其势力之强大。

洪门等帮会组织最初都属于反清复明的秘密会社，故而一直遭到清政府的禁限，视为威胁自己政权的异己力量。后来，洪门的性质发生了很大改变，成为一个以中下层民众为主要会众、以"侠义"相标榜的秘密社会组织。虽然反清复明的政治理想早已放弃，但清政府对它的禁限仍旧没有解除。直到民国时期，洪门一直以"黑社会"的面目而存在，处于地下或半地下的状态。然而在租界中，这种"体制外"群体可以公开亮明自己的身份，并能大力发展自己的势力。

其实，"体制外"的因素不仅仅是被当局禁限的各种组织团体，还有被中国政府禁限的各种"非法"社会活动，这些活动在中国现行体制下无法展开，于是转而在租界寻找生存空间。楚剧在租界的演出活动就是一则典型的事例，它生动地说明了一种体制外的力量是如何在租界这个"边缘空间"里生存发展以至壮大起来的。

楚剧早年称为"黄孝花鼓戏"，起源于武汉周边农村，深受汉口市民喜爱，却遭到地方政府的禁限

楚剧是起源于湖北黄陂、孝感一带的民间花鼓戏，早在19世纪二三十年代就有不少民间楚剧戏班和艺人来到汉口，但遭到官方的禁止，地方当局以其"浪语油腔"、有伤风化而禁止演出。为了糊口谋生，楚剧艺人们往往选择半夜时分，在汉口"土挡"一带偷偷演出。于是就有《竹枝词》中"土挡约看花鼓戏，开场总在三四更"的说法。

20世纪初，租界当局为了繁荣市场、增加税收，允许"黄孝花鼓戏"在界内公开演出。1902年，德租界三码头清正茶园的老板率先邀请黄孝花鼓戏班进入茶园演出。戏班从茶资中按比例收取演出费，茶客若是点戏，所出资费全归戏班。清正茶园引进花鼓戏班以后，生意大好，茶客盈门，日夜不绝，几无虚日。眼看花鼓戏带来的滚滚财源，其他租界的茶园酒肆不免为之心动，纷起效尤。英租界的美观茶园、双桂茶园、春桂茶园、天一茶园，法租界的买春茶园，俄租界的东记茶园、怡红院茶园，日租界的金谷茶园等纷纷邀请戏班演唱黄孝花鼓戏。几年之间，租界内专门延请花鼓戏班的茶园多达17家。

汉口的租界

在租界相对自由的空间中，楚剧艺人在各个茶园争相登场，展开了激烈的竞争，而正是这种竞争的环境造就了一批著名的戏班和名角。如在清正茶园、美观茶园唱戏的名角就有许多，旦角有张玉清、云中仙、小年红、小宝宝（江屏秋）、张银林；生角有小月光（江福兴）、甘石生、陈号伢、张年伢（小春保）；丑角有朱福全、杨腊生；老生有胡喜堂、夏世燮等。

紧邻法租界的天声街，当年戏院茶园林立，楚剧戏班经常在这里演出

辛亥革命以后，租界里出现了戏院，黄孝花鼓戏开始转入戏院演出。由卖茶点戏改为收门票。率先演出黄孝花鼓的戏院有共和升平楼、玉壶春戏园、天声舞台、文明茶园、福朗茶园、丹桂茶园、临汉茶园等。其中共和升平楼、玉壶春戏园、天声舞台各有座位1000余个，最受观众欢迎的演员是共和升平楼的花旦小宝宝（江秋屏）、玉壶春的小官宝（李百川）、天声舞台的小双红（余文君）等。三家戏院各有特色。

当时经常上演的剧目是"三个辞店四个楼"，即《蔡鸣凤辞店》《张德和辞店》《胡彦昌辞店》《东楼会》《西楼会》《花楼会》《云楼会》。在租界里，黄孝花鼓戏获得一个自由驰骋的空间，一个拥有广大观众的舞台。这个起源于乡野的戏曲从此与城市生活发生了紧密联系，逐渐从俚语乡音演变为迎合市民审美趣味的正腔雅调。而汉口多元杂处的文化空间、繁华喧闹的都市生

上图为楚剧名伶沈云陔的剧照

活、众多的艺术门类恰好为黄孝的花鼓的转型升华提供了无比广阔的舞台。此间,它广泛吸收移植本地其他剧种的剧目来充实自己;学习借鉴汉剧、京剧的声腔结构和表演艺术,使自身的声腔、表演、剧目、伴奏等等均发生了重大的改进,一改过去"土档"演出、半夜开场、"浪语淫腔"的"街头小调"形象,开始登堂入室。从演单边戏、小戏、折戏,转为演出故事连贯、情节曲折、有头有尾的本戏和连台本戏,如《合同记》《卖花记》《打龙袍》《蝴蝶杯》等。还增加了伴奏效果,引进胡琴等弦乐配器。在布景、化妆、服装等方面也

友益街是法租界的西侧边缘,当年这里有众多的戏院

进行了相应的改革。楚剧于是乎由"俗"变"雅",成为深受三镇市民喜爱的地方戏曲。民国中期以后,湖北地方政府解除了对黄孝花鼓戏的禁令,它终于重返华界,投入到了一个更大的舞台之中。①

租界就是这样一个由各式各样的"边缘人群"与"边缘活动"所构成的"边缘文化空间",这是它的文化特色所在,也是其文化创造的源泉所在。

四、多元化与边缘性:汉口租界文化特质综述

1. 人口的多样与文化的多元

从上面论述的种种情况来看,汉口租界是一个多元文化的社区。

所谓多元性是指租界的人口构成的多元,建筑风格的多样,以及语言文字、风俗习惯、生活方式、行为方式的千差万别。

而这种文化的多元性源于租界人口的多样性与异质性。

据20世纪二三十年代汉口市特别行政区管理局及各租界工部局的人口统计资料,汉口租界内的居民来自20多个不同国家或地区,即便是华人,也是来自

---

① 参见武汉地方志编纂委员会《武汉市志·文化志》武汉大学出版社,1998年。

汉口的租界

中国的各个地区,并不仅限于汉口一地。故而,租界的人口构成不仅表现为"华洋混杂",而且表现为"多国混杂"。就外侨而言,除了英、法、德、美、俄等国的商民,还有来自北欧的丹麦人、挪威人、瑞典人,来自中欧的捷克人、奥地利人,还有西南欧的西班牙

汉口租界里的外侨来自20多个国家

人、葡萄牙人、意大利人,甚至中美洲的古巴、非洲的刚果也有一些商人前来经商游历。至于亚洲人则更多,除了日本人外,印度人、越南人、朝鲜人也为数不少。①

这些来自五洲四海的人口使租界成为一个典型的移民社区,他们将本国的语言文字、生活方式、风俗习惯带到这里,使汉口租界的社会生活呈现出五彩斑斓、绚丽多姿的面貌。

法式的花园洋房、日式的神道牌坊、德国风格的民居、英式的官邸别墅,还有拜占廷风格的俄国东正教堂、巴洛克式的

随同英国人来到汉口的印度人为数不少,他们多担任租界里的巡捕和仆役

美国领事馆、古典风格的汇丰银行大厦等等,将汉口租界点缀得千姿百态、异彩纷呈。在这个多元的文化社区里,我们既可以看到俄罗斯的面包房、日本的料理馆、英格兰的酒吧间,还可以领略德国的啤酒屋、法国的咖啡馆,这里杂陈着世界各地的语言,展示着各式各样生活与习俗,犹如一个文化的万花筒。

---

① 参见武汉地方志编纂委员会《武汉市志·外事志》武汉大学出版社,1991年。

汉口教堂里的外国修女,传教士在外侨中占有相当的数量

租界在文化上表现出的多元风貌还反映在社会活动与职业构成的多样性上。

租界里的人群是异质性的人群,士、农、工、商、三教九流,各色人等应有尽有。(例如俄国侨民在租界中就从事十几种职业,见下表)经商的、为官的、传教的、从教的、行医的、卖艺的、投机冒险的、坑蒙拐骗的、以至力役家佣、贩夫走卒都出入其间,他们分属不同的阶层,从事不同的营生,展示着不同的价值取向,使整个租界的社会生活呈现出中西相杂、雅俗相间的风貌。

汉口俄国侨民职业统计表(1928年)①

职业	人数	百分比	职业	人数	百分比
舞女	26	14.5%	工作者	21	11.7%
经商	51	28.4%	手工艺者	2	1.11%
住家(包括家庭服务)	18	10.0%	汽车司机	2	1.11%
店主股东	7	3.9%	海关服务员	2	1.11%
经理大班	7	3.9%	教员	2	1.11%
乐师	6	3.35%	妓女	4	2.23%
俳优	7	3.9%	卫生专员、守夜	6	3.35%
卖毛毯	12	6.7%	牙医	3	1.4%
洋服生意者	4	2.23%	共计	179	100%

2. 边缘文化社区

租界从文化构成上看是一个多元混杂的社区,若从文化性质上看则是一个边缘文化社区。

租界文化的"边缘性",主要指它既不是纯粹的西方文化,也不是地道的中国文化;它既不是纯粹的现代工业文化,更不是典型的传统农业文化,而是介乎中西文化之间,游离于现代与传统之际,呈现出一种二元并立的边缘状态。

---

① 资料来源:汉口市社会局杂志《社会》1929年(武汉市档案馆藏)。

汉口的租界

在汉口租界中,我们可以看到中西合璧的里弄和建筑,听到夹杂着当地口音的"洋泾浜"英语。在租界里,我们可以在典型的欧式街区中发现极富中国色彩的路名,诸如"福""禄""寿""宝"之类。租界一方面保留了中国传统社会的习惯,另一方面也吸收了大量西方的东西。这里烟馆、赌场、妓院比比皆是,而报社、电台、学校、社团等代表现代文明的要素也应有尽有。租界一方面充分展现着西方殖民者的强权、野蛮与腐朽,另一方面又到处标榜资本主义制度的自由、民主与博爱。这里既有貌似"自由"的社会环境与类似"民主"的制度建构,又有巡捕房、"包打听"这类与现代文明大相背离的行为和组织。在这里,封建的帮会宗法团体、黑恶势力与资本主义的颓废糜乱的生活方式奇妙地嫁接在一起,使租界成为夹带着中外文化多重劣根的边缘文化社区。

租界文化的边缘性还表现为,它始终与社会的主流文化——不论是西方的还是中国的,保持着一定的距离。租界里"别样的人群"与"别样的生活"是不为主流社会所认同的,对东西方的主流社会而言,都是如此。在英、法、德、俄等国的国内民众的眼里,中国的租界是一个遥远而陌生的地方,那是一个殖民官员、生意人、投机分子、冒险家以及各种各样的"另类"分子聚集的地方,是

汉口租界里一家照相馆的商标,中西合璧的特点一目了然

名不见经传的、家世卑微的暴发户们的天下,与自己的生活并无多大干系。①

而在中国正统的士绅阶级看来,租界是洋人和"假洋鬼子"的地方,是鲜廉寡耻的、市侩的、低俗的地方,是一个物欲横流、道德沦丧的场所。

罗兹·墨菲谈到上海租界时,这样形容租界里的人群:

"没有多少人,不管中国人还是外国人,抱着长期在此居住的希望来到上海。他们多半在几年内发财致富,然后离开。

"对洋人来说,租界是化外之地,不受他们本国文化知识的影响和管辖。每个人各行其是,或者很快与当地的恶习同流合污,一点也不感到内疚。在上海,道德简直毫不相干,或者毫无意义,这是连一个不速之客也都体会到的气氛。

"对华人来说,上海(指租界——笔者按)同样是不受限制的。那些选定来此

---

① 参见(法)梅朋傅立德著《上海法租界史》上海社会科学院出版社,2007年。

过新生活的人,例如商人,由于上项选择而与传统中国及其所行使的维护道德的约束断绝关系。"①

……

这种自我放纵的文化心态从一个侧面反映了租界文化的边缘性特征。

正因如此,对中国正统的士绅阶级而言,人非百无一计,是定然不会跑到租界这种地方去安身立命的。汉口的一些著名买办,出身于士绅之家的微乎其微,他们中的大多数,要么来自贫寒人家,如法国立兴洋行的买办刘歆生,出身汉阳柏泉农家,幼年帮人放鸭子。新泰洋行的买办刘辅堂、永兴洋行的买办杨昆山、和记洋行的买办韩永清早年都做过帮工。要么出自于教会或教会学校,如刘辅堂等人。他们没有诗书的授受,没有科考的经历,没有政治上的功名,只是机缘际会,他们结交上了洋人和洋行,转眼之间拥资巨万,显赫一时。然而在以士绅阶级为代表的主流社会里,他们仍然是不入流的"另类"。

租界里的人与生活就这样被边缘化了,尽管它很繁荣,尽管它极具诱惑力,特别是在物质文化方面,但人们内心深处对它却充满着蔑视与排斥,在文化感情上,主流社会的人们对它一直是疏离与拒斥的。

游离于主流社会之外,被主流文化视为"另类",这种文化处境强化了汉口租界自身的社区认同,租界由此成为一个开放的文化空间,租界的人群都是来自五洲四海的移民,他们在一定程度上挣脱了文化母体的羁绊,有些甚至在某种程度上与母体的文化根系发生了"断裂",这使他们的文化性格具有很大的可塑性,容易采取宽容、开放、求新、进取的态度对待异质文化和新事物。从而在新的社会环境中融合派生出带有租界自身特质的生活样式与文化结构。

---

① 参见罗兹·墨菲《上海——现代中国的钥匙》上海人民出版社,1986 年。

第四章 政治特区——汉口租界的行政管理体制

一、传统体制下的汉口市政管理

现代城市行政区划的设置以及现代城市的行政管理,在20世纪20年代以前的中国,尚属阙如。

那时,在我国的行政区划中没有独立的"市"的建制,市镇往往附属于州县的行政体制之中。城乡一体,毫无区别。譬如乡村里推行的保甲制度和连坐制度,城市中同样实行,县有知县,市也设同知,职权类似于前者。这种城乡毫无差别的管理体制严重束

(清末夏口厅官衙,负责汉口这样一个大商埠,显然是完全不能胜任的)

缚了中国城市的发展,使得中国城市在某种程度上呈现出"乡村化"的特点。[①]在"五口通商"之前,上海、天津、汉口基本上都是沿袭着传统的管理方式。自上海、天津、汉口等地租界设立之后,列强宣布它为"自治区域",在界内施行与其母国大抵相似的制度。使各国租界形成了一套"体制外"的市政管理制度,所谓"体制外",就是突破了当时中国现行的行政管理体制,另外建构起一套新的管理制度。

清代的地方行政区划与行政管理体制,大抵承袭了元明以来的行省制,而略有增改。

---

① 参见顾朝林《中国城镇体系:历史与现状》商务印书馆,1996年。

据《大清会典》载:"总督、巡抚分其治于布政司,于按察司,于分守、分巡道;司、道分其治于府、于直隶厅、于直隶州;府分其治于厅州县;直隶厅,直隶州复分其治于县。"①又据《清一统志》载:"康熙三年,分置湖北布政使司,领府八:武昌、汉阳、黄州、安陆、德安、荆州、襄阳、郧阳。雍正六年,升荆州府所属之归州为直隶州。十三年,升荆州府属之夷陵州为宜昌府,降归州直隶州为州,属焉。以旧属归州之恩施县治置施南府。乾隆五十六年,升安陆府属之荆门州为直隶州。共领府十,直隶州一:荆门州。光绪三十年,以宜昌府属之鹤峰州升为直隶厅。"

至19世纪中叶,湖北地方行政区划大体确定,全省有10个府,1个直隶州,2个直隶厅,7个散州,60个县,以武昌为省会。据此可知,清代湖北地方行政区划,分为省、道、府(含直隶厅直隶州)、县(含散厅散州)四级,没有"市"的独立建制,"市"一般都隶属于县,"城镇常成为省、府、县治所"。

在这种行政区划体制下,汉口没有独立的行政建制,仅为汉阳县的下辖镇。明代中叶,"汉阳县在汉口镇设巡检司,下设居仁、由义、循礼、大智四坊"②清初,汉阳县又在汉口地区增设巡检司,分仁义、礼智两司。雍正年间,汉阳府同知与通判均移驻汉口。同知、通判均为知府的重要佐贰官(府同知为正五品,府通判为正六品,品秩均较知县为高)。这表明在传统行政体制下,汉口的行政地位在逐步提升,然而这种行政地位的提升与汉口在湖北及湖广地区所发挥的社会经济作用仍然很不相称。

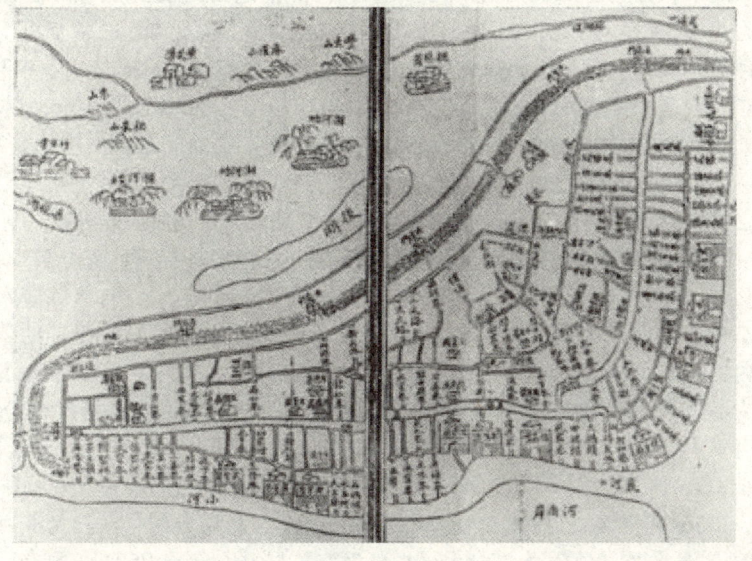

《续辑汉阳县志》中绘制的"汉口镇图",1868年汉口镇还处在汉阳县的管辖下

汉口开埠以后,华洋杂处,中外贸易日趋繁盛,中外交涉的事务繁剧。而汉阳县署"中隔汉水,遇有要事,奔驰不遑"。鉴于此,湖广总督张之洞在光绪二十

---

① 《大清会典》卷四,吏部。
② 参见皮明庥主编《武汉通史》晚清卷(上),第3页,武汉出版社,2006年。

四年十二月(1899年)上《汉口请设专官折》，奏言"自非有正印专官驻扎汉口，不足以重交涉而资治理"。奏请将汉口同知改为夏口抚民同知，汉阳县所辖汉水以北、滠口以南，浈口以东，约计134平方公里之地拨归管辖。① 光绪二十五年三月(1900年)，清廷批准了张之洞的奏请，将汉口镇从汉阳县划分出来，单独设立夏口厅(汉口古称夏口，故名)。夏口厅隶属于汉阳府，"一切治理统属各事宜均与(汉阳府)所属州县无异"。

这一次"改制"提高了汉口的行政级别，但在管理体制上仍没有实质性的变化。汉口虽然有了自己单独的行政区划——夏口厅，它与县同级，整个管理方式与县级体制并无二致。它们同样隶属于汉阳府管辖，境内所有民事刑事案件由汉阳府审转，仓库账粮由汉阳府考核，与所属州县无异；地方繁要事件与华洋交涉事务随时请示江汉关道，由道台督率办理。夏口抚民同知为厅行政长官，其品秩与职责也完全等同于州县长官。

在这种体制下，夏口厅抚民同知不具备"市长"的职责，纯粹是"亲民"之官。他的职权包括：宣布政令、治理百姓、审决讼案、稽查奸宄、征收赋税等。厅的属官有经历司司经，司狱司司狱，攒典各一人，协助抚民同知办理各项事务。另有典吏若干人，为具体办事人员。夏口厅的衙署组织与普通县衙完全一样。设有三班六房。六房：吏房，管官制官规；礼房，管学务礼俗；户房，管户籍赋税；刑房，管诉狱刑事；兵房，管缉捕解递；工房，管水利桥梁建设。房属下有书吏、书办。再下为差役，有皂、壮、快三班，班头称卯首。② 由此可见，夏口厅的整个机构设置与管理运行模式就是一个县衙的翻版，与近代的市政管理机构风马牛不相及。

对汉口这个商业重镇的人口、治安、经济、市政等方面的管理，夏口厅毫无特别之处，一切均按传统体制的模式来运作。譬如汉口的治安是由巡检司管理的。1901年，清政府推行"新政"，在全国创建近代警政。1902年4月，时任湖广总督的张之洞，仿京师成规，令武昌知府梁鼎芬撤消湖北保甲总局，开办武昌警察总局，并任梁鼎芬为总办，知府金鼎为副总办。武昌警察总局"下辖内东、南、西、北、中五个分局，城外分设东、西、水、陆四个分局。总局开办之初，募练警察步军550名，马军30名，清道夫202名"。随着省城武昌创立近代警政，汉口的警务治安机构也开始了转型。1903年，驻汉口镇的汉黄德兵备道陈兆葵奉命改汉口保甲局为清道局，隶汉阳府。"分居仁、由义、循礼、大智、花楼、河街六个分局。③ 1904年8月，再改汉口清道局为警察局，以汉阳知府为总办。局下设五区，每区设区长一人，区官三人。1909年，又改称警察总局，隶湖北巡警道。总局下设四个局，一局分两个区，二局分三个区，三局分五个区，四局分四个区。又按照水陆警务的不同，分别设立马路局与水巡局。汉口总局共有警员257人，内有一等巡警34名，二等巡警185名，三等巡警38名。经过了数次"改制"后，夏口厅内职掌治安的机构才由巡检司转换为警察局，逐步具备了一些近代特色。

---

① 《张之洞全集》第9卷。
② 参见瞿同祖《清代地方政府》法律出版社，2003年。
③ 皮明庥主编《近代武汉城市史》第96~97页，中国社会科学出版社，1993年。

夏口厅的司法审判机构，也是在传统制度框架内，运用传统的诉讼审判模式进行的。清代，武汉地方司法审判由行政主官掌管，由汉阳知县或夏口厅同知总其责。1861年汉口开埠后，外国人在中国犯罪，中方无权过问，中外人士争讼事件由领事官会同中国官员审办。这在一定程度上为后来的司法"改革"提供了契机。1906年，清政府改革官制，行政、司法分立。1907年，清政府颁行《各级审判厅试办章程》，将"司法审判分为大理院、高等审判厅、地方审判厅、初级审判厅四级"。① 1909年，湖北筹设各级审判厅，先在省城武昌、商埠汉口试办。在汉口设立了"地方审判厅"和"初级审判厅"，负责汉口全境民事刑事的审判事务。"地方审判厅设置厅长、庭长、推事、行走；初级审判厅设置监督推事、推事、帮办推事、行走"。② "按法部奏定，凡省城、商埠已设各级审判厅处，其界内诉讼事件，地方官不得受理"。行政与司法开始出现分离之势。

要而言之，在整个清末民初时期，汉口虽为中国内地最大的商业中心，却并无"市"的建制，也没有形成与近代商业城市相适应的市政管理体制。汉口的城市管理事务、诸如人口统计、社会治安、商业贸易、道路交通、公用事业等等都在传统的行政管理体制内，按照封建等级制度的模式进行管理，尽管在警务等方面进行了一些初步的改革，但就总体情况而言，现代城市管理体制在汉口依然没有建立起来。

城墙、县衙、官轿反映了汉口的社会结构仍属于传统社会的范畴

正是在这种背景下，汉口租界建立的一套不同于华界的管理体制，就具有特别的意义，因为它的出现，为以后汉口城市体制的转型提供了一个全新的样式，从而引发了近代武汉城市史上一系列深刻的制度变革与社会变迁。

二、汉口英租界的体制架构

1861年3月21日，英国驻华使馆参赞巴夏礼与湖北布政使唐训方订立《汉口租界条款》(也称《汉口租地原约》)，辟建了英租界。随后至1898年，又开辟了俄、德、法、日租界。

1861年签订的《汉口租地原约》规定，英租界内各种行政事务全归当地英国领事专管，租界内一切事务由领事官"随时定章办理"。中国政府丧失了对界内

---

① 《武汉市志·政法志》第255页，武汉大学出版社，1996年。
② 《武汉市志·政法志》第255页，武汉大学出版社，1996年。

汉口的租界

的行政主权。由英国领事官等人组成的租界当局还获得了独立的、中国地方官员不能预闻的立法权。租界建立之初，界内的所有事务由英国驻汉领事直接管理，随着租界范围的扩大，华洋贸易与交涉事务的增多，乃仿效上海租界的成例，建立了汉口英租界的管理体制。

英租界的管理体制是以"租界基本法"为依据、以纳税人会议为最高权力机构、以立法、行政、司法的分离为准则的制度架构。

英租界建立以后，英国驻汉领事官会同英国工商各界有关人士制定了《英租界捕房章程》，这是一个"基本法"性质的政治文件。它包括总则和附则两部分。总则规定了租地的手续、应纳的地税，纳税人的资格，纳税人会议的会期、内容，工部局董事会的组织、职权，董事会的资格、选举，捐款的确定、征收，预算决算的制定、批准等，囊括了租界的土地制度、立法制度及行政制度等方面的内容。①

英租界工部局

楼顶飘着旗帜的就是英国驻汉口总领事馆，汉口的英国领事相当于租界里的"总督"

《英租界捕房章程》结构严密、条款细致。如总则第一条规定："本规则行使权限在一千八百六十一年新租及一千八百九十六年新推广之汉口英租界范围以内；第二条：卖地基一切事务，须在本地基注册处注册。违者，其所立约，凡抵押之约据，无论合法的或习惯的，该立约抵押之国体代表须于下定时间内向本界领事府登录。"再如第五条："纳税人依前法招集时，遂照后条中组织咨议会，组织一职行事务职务团，即此后所谓咨议会是也。该会有职员六人，管理征收一切捐税。"又如第十七条："凡违反本章程者，领事官须设法逮捕违犯，以使本章程完全有效。"②

---

① 武汉地方志编纂委员会主编《汉口租界志》第212页，武汉出版社，2003年。
② 参见王铁崖《中国旧约章汇编》第一册，三联书店，1957年版。

《捕房章程》的附则对租界内的事务做出了详细的规定。如"凡本界范围内阴阳沟渠或建筑,于本附则未通过之前,或建筑于本附则既通过之后,或为本局所设,或为私人所设,其管理权归本局"。"凡本界人民携带食物经过街道,须将食物紧包,以免

汉口英租界巡捕房的印度巡捕和华人巡捕

沾染不净之物,致有碍卫生。违者处以十两以下罚金,其食物没收与否由本局临时酌定"。"本界内不准乞丐乞讨,违者处以一星期以下监禁"。"凡平常法律认为妨害事件或犯罪人命,无论任何人不能引本附则内条项以断定该妨害事件或该犯罪人民,为无妨害无罪"。"凡本附则所规定罚金,受罚者经公堂判决后须速缴纳"。①

《英租界捕房章程》确立了租界的政治制度框架,规定了租界的立法原则与步骤,界定了租界行政机构的组成与职权,以立法的形式将租界作为"自治的""国中之国"的特殊地位确定下来。《英租界捕房章程》以西方资本主义政体为蓝本,依据"三权分立"原则,将英租界确定为一个以全体纳税人

英驻汉口领事官邸的小汽车

为基础、以立法、行政、司法三个机构为基本制度架构的自治社会实体和政治空间。

按照这个"基本法"的界定,纳税人大会、工部局、领事法庭分别代表立法、行政与司法三方面的权力,是英租界这个"自治社会"的三个主要的权力机构。

"纳税人会议"是租界中的表意机构和立法机构。

从理论上说,它是租界内的最高权利机构,类似于英国议会的下院。

凡在租界内购置有房地产、照章纳税的居民都属于纳税人,由他们的全体代表组成"纳税人会议"。该机构以年会和特别会的形式行使权利,具有选举工部

---

① 参见王铁崖《中国旧约章汇编》第一册,三联书店,1957年版。

局、董事会及批准工部局所制定的"法律"的权利。租界内各种法律法规的制定和修订、财政预算的编制、税收及其他重大问题，都必须经"纳税人会议"讨论决定。

"纳税人会议"每年开一次大会，听取工部局报告，选举工部局董事会，任免职员，通过法规条例、预决算，创制法律，发行公债。按《英租界捕房章程》的规定，纳税人以其纳税额之多少确定其参与表决时的票数。"凡本界内（英租界）人民各有值白银二千五百两之财产，而照规定财产纳税者，或于投票之前年，纳房屋地基税，共满二十五两者，投票时得投一票，满百五十两者，得投二票。于百五十两以上，每达七十五两，即得投一票，但至多每人不得超过二十票"。① 由于华人在租界内不能购置房地产，故他们即便缴纳了税捐，也无投票权。下面以1925年"纳税人会议"为例，看看其成员的构成及表决票数的分配。

1925年英租界纳税人会议选举人（单位）及票数

纳税人（公司机构）	票数	国别	纳税人（公司机构）	票数	国别
中华圣公会	12	美国	保安洋行	8	英国
安利洋行	12	英国	日本棉花株式会社	7	日本
亚细亚火油公司	12	英国	波波夫兄弟洋行	7	
通和有限公司	12	英国	华中中华基督教书会	6	
英美烟公司	12	英国	北京天主教会	6	
英国总领事馆	12	英国	东正教会	6	俄国
卜内门洋行	12	英国	安德森洋行	5	
太古洋行	12	英国	协隆洋行	5	美国
麦加利银行	12	英国	日清汽船株式会社	5	日本
江汉关税务司	12		内地会	4	
义品放款银行	12	意大利	基德	3	
天祥有限公司	12	英国	皮尔斯夫人	3	英国
爱利信	12	丹麦	斋藤洋行	3	日本
锦隆洋行	12		住友银行	3	日本
霍金斯洋行	12		贝利和派瑞	2	
汇丰银行	12	英国	布林洋行	2	
花旗银行	12	美国	贝尔	2	英国

---

① 参见《汉口指南》第二章。

怡和洋行	12	英国	杜百里	2	英国
平和洋行	12	英国	顾发利有限公司	2	英国
隆茂洋行	12	英国	大英圣书公会	2	英国
三井洋行	12	日本	彼辛加尼	2	英国
阜昌洋行	12	俄国	杜德洋行	2	英国
派瑞	12		公兴洋行	2	法国
邮物委员	12		慎昌洋行	1	美国
立兴洋行	12	法国	安昌洋行	1	
拉姆赛	12	英国	阿特金森	1	
普益银信托公司	12		贝尔	1	英国
雷诺	12		远华共济组会	1	英国
雷诺与特纳	12	英国	富士公司	1	日本
罗马天主教会	12		半田绵行	1	日本
老沙逊洋行	12	英国	汉普瑞	1	
郑悟初	12		伊滕洋行	1	日本
成业地产股份有限公司	12		金坛公司	1	
横滨正金银行	12	日本	阿部市洋行	1	日本
宝顺洋行	11	英国	米斗通	1	
伦敦会	10	英国	永年公司	1	
美孚煤油公司	10		日本邮船株式会社	1	日本
望德堂	9		斯基耐	1	
英文楚报馆	9	英国	达信公司	1	
英波罗馆	9	英国	高岛	1	日本
海明斯	9	英国	汤笙洋行	1	
华比银行	8		推迪埃	1	
顺丰洋行	8	俄国	威克斯	1	
金迩洋行	8	英国	吉田洋子	1	日本

（资料来源：武汉地方志编纂委员会主编《汉口租界志》第217页，武汉出版社2003年）

工部局即"大英帝国汉口市政委员会",又称"咨议会"或"董事会"。①

它是租界的主要行政管理机构,具有政府性质。工部局由纳税人会议选举产生。一般由9～11名市政委员组成。工部局由董事会及下属的各个职能部门构成。

英租界工部局成立于1862年,首任董事长(总董)为寇慈。总董和董事均为纳税人,由纳税人会议选举产生。其成员多为洋行的大班和高级职员,工部局董事会的董事任期一年,可连选连任,国籍不限。从每年董事会的实际构成情况看,每届董事以英国人居多。工部局董事会的召集人为总董,他负责召开和主持董事会,但并不享有额外的权力,总董和普通董事均等享有投票权。

董事会为工部局的决策机构。每月召开一次会议,管理征收税捐,考核局务进度,考察职员的绩效。工部局的日常行政事务由董事会下设的执行秘书,即工部局"总办"负责,"总办"督率工部局职员严格而忠实地贯彻执行纳税人大会所颁行的一切法案、规划。如违反纳税人的利益,纳税人有权提出弹劾。② 总办下设"秘书""工程""卫生""警察""教育"五科,各科有主任一人,由英国人担任,主任之下有英籍、华籍、印籍职员若干。③

工程科管理租界内一切工程事宜。如阴阳沟渠、道路设施、房屋建筑的修建与修缮等。

卫生科管理租界内一切卫生事宜,包括环境卫生状况、居民健康状况等。

教育科则是专门管理与学校相关的一切事务。

警察科就是巡捕房,管理租界内一切治安事宜。包括民事纠纷、刑事案件、稽查一切违反《英租界捕房章程》的行为。英租界工部局警察科主任称"大保正"(最高警监),巡官(警监)称"洋保正",均为英国籍。④ 而一般的巡捕则多用印度人,安南(越南)人,后来,因租界治安管理事务繁多,人员不敷使用,租界当局又增加了不少华人巡捕。1901年,巡捕房有两名巡官,两名侦探,32名锡克教徒巡

原英租界街景

---

① 武汉地方志编纂委员会主编《汉口租界志》第217页,武汉出版社,2003年。
② 武汉市政协文史委员会编纂《武汉文史资料》(租界专辑)1991年第4辑(内部发行)。
③ 武汉市政协文史委员会编纂《武汉文史资料》(租界专辑)1991年第4辑(内部发行)。
④ 武汉地方志编纂委员会主编《汉口租界志》第226页,武汉出版社,2003年。

捕,中国籍巡捕 38 人。① 1905 年时,英租界有印度籍巡捕 42 人,中国籍巡捕 45 人。②

工部局巡捕房依据《英租界捕房章程》的有关规定,对界内一切违反《章程》的行为实施管理和处罚。《捕房章程》对英租界内市政管理内容规定之全面,几乎到了巨细无遗的程度。例如:

租界内"人民畜马、犬、驴或备自动等车以自用或租人者,须向本局(工部局)领取执照"。

"街市车马规则务须禀遵,违者即行追究,处以 25 两以下罚金"。

租界内不准乞丐行走,违者处以一星期以下监禁。

"无论任何人不准在厨上、墙上、或房屋上招贴。违者处以 10 两以下罚金。但本局及领事府之告白不在此例"。

"凡虐待畜牲或运载畜牲时使受极重痛苦者,第一次处以 25 两以下罚金,或两星期以内监禁。继续违犯时处以 50 两以下罚金,或一月以下监禁。有时将其牲畜着交旁人看管,或使人杀之以免长受痛苦,所用各费由牲畜主人立刻交还"。

为防止工厂、堆栈、居家等处火灾起见,工部局经该工厂、堆栈等人或他人请求后,得贴告白于该厂栈,告知彼等"不得在内吃烟,或使用其他易发生火灾之料。违者处以 100 两以下罚金,或两月以内监禁"。

租界内不准"开设妓院、赌场以及其他扰乱秩序之场所。违者处其主人或头目以 500 两以下罚金,或六个月以内监禁"。

……

工部局巡捕房依据上述法规对英租界内发生的各类"违规"、"违警"现象进行管理,并依据相关法规行使检查、纠察、拘捕之权,但无直接处理权。巡捕所拘捕的人犯,必须在 24 小时内移送会审公堂审理。

需要说明的是,英国总领事馆(1899 年升格)及总领事虽不在租界的制度框架内,但作为英国派驻汉口的政治代表,领事馆实际上是租界内最高行政管理机构,英国总领事相当于派驻汉口租界的"总督",他能够召集"纳税人会议",工部局董事会的补选、工部局人员的任命,也需要经过他的认可,方能生效。

英租界工部局门前广场的巡捕与行人

由于租界"国中之国"的特殊地位以及华洋混杂的社会状况,使得租界的司法组织较为复杂。就汉口租界的情况而言,各国租界一般都有"领事法庭"和"汉

---

① 《海关十年报告(1892~1901)》香港天马图书出版有限公司,1993 年。
② 水野幸吉《汉口:中央支那事情》,1908 年。

口会审公堂"的平行设置。

1861年4月,英国在汉设立领事馆。按《汉口租地原约》的规定,"汉口英国法院为初审法院,以领事兼理司法,审判采取独任制,间或采取合议制"。①

领事法庭专门审理租界内的外国被告人,为初审法院,以领事兼理司法。审判采取独任制,在以下情况下采用会议制:受理的民事诉讼案件涉案金额在500英镑以下的、主刑在一年以下的、或罚金在100英镑以下的刑事案件。其余案件,先可送至设在香港的刑司衙门,后改送至上海新成立的高等法院。审判采用英国国内的普通法。② 1904年以后,英国领事法庭可以在中国各地巡回开庭审案。

汉口英国法院所适用的法律原则上用英国国内的普通法律,但也有例外。如英国人在中国法院或在中国的外国法院犯有伪证罪者,虽未触犯英国法律,法院仍然会判其有罪。如触犯当地卫生规定或叛卖军火及其他违禁品,也要治罪。法院所使用的诉讼法,由汉口领事馆自定,然后报请英国驻华公使核准,其程序与英国国内法相似。判决后,原则上在中国执行,较重大的罪犯,则送至香港,或英帝国其他地方,如澳大利亚监狱监禁,也可以将罪犯驱逐出境。死刑犯必须经英国驻华公使或英国外相核准后在上海执行,英国公使或外相可以减轻或免除罪犯的处罚。

而华洋混杂的案件,则由汉口会审公堂审理。

所谓"会审",即由英国驻汉领事与中国地方官会同审理。华人为原告、外国人为被告的案件由英国领事法庭审理,中方委员在旁观审。如认为判决不妥,可提建议并要求更改。外国人为原告、中国人为被告的案件,由洋务会审公所审理,英国领事或其代理人在旁观审。会审公堂每天上午10时到12时为审理时间,出席审理的人员除了审判员外,还有检察人,即英租界巡捕房的"洋保正",以及见证人和翻译等。会审时,先由检察人将事先准备好的"犯事报告单"递交审判员过目。接着,检察人控诉,见证人指证,最后由审判员判决。审理完毕,审判员将"犯事报告单"交给检察人带回巡捕房存档。

在当时的会审公堂上,很少有辩护律师的身影,大多数审判是"无辩护审判"。当时租界里的律师多为外国人,他们虽不出庭辩护,但仍有相应的职权。一般说来,租界内洋人与洋人、洋人与华人,甚至华人与华人的纠纷都需要外国律师来解决,以至他们的寓所形同公堂,终日门庭若市,登门要求调解纠纷的华洋人士络绎不绝。③

英租界是汉口的第一个外国租界,也是延续时间最长(66年)的租界,它的制度设置与组织架构对其他租界产生了重要影响,特别是俄、德租界,基本仿照了英租界的管理模式,法租界与日租界的管理体制与英租界也大体相仿,只是个别环节略有差异。

① 武汉地方志编纂委员会主编《汉口租界志》第248页,武汉出版社,2003年。
② 武汉地方志编纂委员会主编《汉口租界志》第248页,武汉出版社,2003年。
③ 武汉市政协文史委员会编纂《武汉文史资料》(租界专辑)1991年第4辑(内部发行)。

三、其他四国租界的管理体制

法租界的制度架构与英租界基本相仿，只是领事掌握着重要的权力，在整个法租界的制度体系中，法国驻汉领事处在权力的最高端，故而，人们将法租界的这种管理体制称为"领事独裁制"。

根据1896年6月2日签订的《汉口租界租约》，法国领事直接掌握租界的行政权，负责在租界内维持秩序和公共安全。一切违反租界相关法规的行为由领事馆官员负责处理。在此基础上，法租界也制定颁布了《汉口法租界组织章程》，作为其施政的"基本法"。

该《章程》包括"租界公民个人""工部局董事会——权限和行政管理""土地制度""外国人居留"四个部分，共26条。① 对法租界公民所享有的权利、工部局董事会的组成、纳税人会议的组成、工部局的权限、土地制度、外国人居留等作了详细的规定。

其中的第一章对法租界公民个人的基本权利作出了明确规定，例如："法租界公民通过其法定场所和现有规章中的预设条款享有所有权、购买权、出售权、贷款权和法律诉讼权"。

第二章对工部局董事会的组成及职能、董事的任期等作了详细规定。如第二章第二条规定：当选的董事任期为两年，在委任期满时一起更换。当选的董事死亡或辞职时，将与当选董事任期满时同时更换，等等。

第三章则对工部局的职责作了规定。其中对巡捕房、路政局、交通局、卫生局等公共部门的职能作了详细规定，如第三章第一条规定：巡捕房有行政拘捕、司法缉查、调查讯问权，"没有合法的凭证，在未得到法国领事许可和租界巡捕房的协助情况下，任何人不得执行逮捕，进行审判或任何调查讯问"。第三章第十一条规定：禁止在公路或公共场所携带武器，在私人地界，没有巡捕房的许可，不得拥有武器。等等。②

后来，法租界当局又制定了《法租界总章程》，并依据此章程施政。该章程共计174条，共有"巡捕房、路政局、交通局、卫生局、公共部门"和"许可证、税款、各项收入"两大部分。第一部分详细规定了法租界内各行政管理机构的职权范围；第二部分对许可证、捐和款的确定、征收作了详细规定。

法国领事馆是法租界的最高权力机构

---

① 武汉地方志编纂委员会主编《汉口租界志》第213页，武汉出版社，2003年。
② 武汉地方志编纂委员会主编《汉口租界志》第213页，武汉出版社，2003年。

除此之外，法国领事还以"领事令"的形式颁布了许多条例，涉及书籍、期刊、电影、交通、武器、鸦片、卫生、执照、税收等方面的管理细则，内容极为广泛。

德、俄、日租界也都制定了类似于基本法的"章程""合同"或"条款"。

例如,1895 年 10 月签订的《汉口租界合同》规定：德租界"一切事宜归德国领事按照本合同及后订章程办理"，①从法律上规定了德租界的立法权由德国行使。

1896 年 6 月 2 日签订的《汉口俄租界地条约》规定，"俄界一切事宜归俄国领事官按照此约及后订章程办理"，②从法律上规定了俄租界的立法权由俄国行使。

1898 年 7 月 16 日签订的《汉口日本专管租界条款》，也称《日本汉口租界章程》，对日租界内道路、堤塘、沟渠、码头及房地租的征收、司法管理等做了详细的规定。特别是"所有外国租界及将来设有开拓之外国租界施设事宜，如别有优处，日本租界亦当一体均沾"的规定，使日本租

法租界巡捕房旧址

界获得了别国租界所获得的一切特权。③

比较而言，德、俄、日三国租界所订的法律法规，内容不及法租界的组织章程那么全面完备。

在领事馆与"基本法"的框架下，各国租界都设置了纳税人会议、工部局、领事法庭三个主要的制度要素，以行使立法、行政、司法的职权。下面仍以法租界为例予以说明。

按照《汉口法租界组织章程》，法租界的立法机构为"纳税人会议"。

参加"会议"的代表为年满 21 岁的法国人，或没有放弃治外法权的国家管辖的外国人，他们应按规定向法租界工部局纳税。如果符合以下条件之一者也可参加纳税人会议。其一，依照法定的身份，在法租界限定范围内拥有一块土地；其二，在法租界内居住在整个或部分的一栋房屋中，每月至少支付 50 银元的房租，或是居住在月租不少于 40 银元的配有家具的公寓中；其三，在法租界居住三个月以上，并且能够证明自己的月收入不少于 125 银元。如果是法国人，虽然不

---

① 王铁崖《中外旧章约汇编》第一册，三联书店,1957 年。
② 王铁崖《中外旧章约汇编》第一册，三联书店,1957 年。
③ 王铁崖《中外旧章约汇编》第一册，三联书店,1957 年。

居住在法租界内,但如果他在法国领事馆登记入册,并在一年中的选举之前参加了法国的义勇队,也具有选举的资格。①

法国驻汉领事每年负责提交和修改选民的名册,并召开纳税人(选民)大会。纳税人大会表决通过法租界的有关规章条例,听取工部局提交的年度报告,审议并通过工部局年度市政报告、领事馆指令、董事会记录、财政预算与使用、各委员会报告,以及法国领事当局与中国官方交涉的情况报告。

法租界的行政机构是董事会和工部局。法租界设立之初,并未设置工部局。1901年,"法国领事在三名市政官员的辅佐下全面负责租界的管理"。② 工部局原称行政委员会,后演化为工部局,负责管理法租界内的一切行政事务。工部局由董事会和各专门职能机构组成。据《汉口法租界组织章程》的规定,董事会主席一般由法国领事担任,董事会有4~6名董事,全为外国人。1929年,法国驻汉领事根据其驻华公使的指示颁布"领事法令",对原《组织章程》的有关条款作了重大修改。修改后的条款规定:"董事会由法国领事、总董和董事组成",其中纳税人大会选举法国董事和外国董事各两名,法国领事任命中国董事和法国董事各两名。在这种制度框架下,法国领事实际上主导了董事会的人员组成。

工部局董事会只有在总董召集的情况下才能召开,如果半数以上的董事会成员提出书面申请,法国领事可以在认为必要的情况下召开董事会。董事会必须公开举行。领事有权暂停董事会,并向法国公使汇报。如果法国驻华公使或外交部长认为有必要,可以宣布解散董事会。董事会暂停时间不能超过三个月。

法租界董事会具有以下职权:

1. 制定和修改税收政策。2. 通过财务收支预算。3. 贷款。4. 审议税收减免要求。5. 决定税务收回方式。6. 房产和屠宰厂的获取、转让、交换及租借。7. 公共场所和道路的开放、堤防、码头的建筑计划,菜场、市场和墓地的位置规划。8. 清洁卫生和道路运输工程。9. 道路运输和清洁卫生制度的制订。10. 因公共使用的征用。11. 在各级审判机构中作为上诉人或辩护人在法庭诉讼中的措施。12. 领事要求董事会讨论的各种问题。③

由此可见,董事会实际上是法租界的行政决策机构,而工部局只不过是它的执行机构。董事会的日常行政事务由秘书即俗称的"总办"负责。在董事会的决策指导下,工部局负责具体的市政管理事务,诸如道路维修、自来水输送与销售、道路照明、租界财产维护、公共工程实施、地籍图的制作、区内日常管理制度的制订与修改、租界各项规费的征收等等,并负责追讨未按时交纳的税金。

工部局还设有专门的职能机构,即消防局、路政局和公共工程管理处、卫生局等,还附设有法租界学校。

消防局负责租界内火情的防控与火灾的扑灭。

卫生局负责负责租界公务人员的卫生防疫、界内流行病的预防及治疗、街道

---

① 武汉地方志编纂委员会主编《汉口租界志》第234页,武汉出版社,2003年。
② 《海关十年报告》(1892~1901年)香港天马图书出版有限公司,1993年。
③ 武汉地方志编纂委员会主编《汉口租界志》第235页,武汉出版社,2003年。

垃圾的清扫、妓女身体的检查等事务。

路政局和公共工程管理处负责道路的养护、市政设备和房屋的维修、水表安装和维修、树木栽植、消防车维护等事宜。

与英租界不同,法租界专司治安管理的巡捕房不属于工部局的职能机构,而是既隶属于法租界董事会,又直接受命于法国领事,是一个较为特殊的管理机构。

法租界的"繁荣"使许多达官显宦、富商巨室在此购置房产,这是当年华人修建的公馆

法租界刚一建立,就成立了巡捕房,最初称为巡捕厅。设有正副巡(又称厅长)长各一人,由法国人担任,法籍的监察(巡长助手)一人。巡捕房内部又设治安、消防、户口管理、情报搜集四个课;另有便衣室(后改为特别课)、窃案班、武装自行车队、指纹照相室几个专门的机构。①

巡捕房具有行政拘捕、司法辑查、调查讯问的权力。它依据《汉口法租界组织章程》的规定,对发生在界内的所有"违法""违规"行为进行处罚。搜捕杀人、放火、抢劫、偷窃等严重破坏租界治安的刑事犯,处理租界内发生的违警案件。

按《汉口法租界组织章程》规定,

界内"未经巡捕房长官许可,任何带武器的士兵不得在租界巡逻",

"军火、打猎武器、弹药的交易要服从工部局的规定,并上报巡捕房批准",

"禁止在酒吧、咖啡馆、饮料零售店、餐馆、旅店、特殊沙龙等公共场合酗酒、卖淫、喧哗、骚乱",

"赌金、赌押、未经许可的抽彩赌场,鸦片原材料、麻醉剂秘密零售点以及严令禁止的麻醉剂、军火、弹药和爆炸物将被没收上交"……

违反《汉口法租界组织章程》规定的将处以 50～1000 元的罚款。由于法租界内人员复杂,人流量很大,涉及治安的事务繁多,巡捕房机构设置因此日益膨胀,人员众多,且来自多个国家。法国人充任"大保正",巡捕由中国、印度、越南人组成。1907 年法租界巡捕房有中国巡捕 42 人,印度巡捕 12 人;1918 年有中国巡捕 53 人,安南巡捕 40 人。此后,巡捕的规模进一步扩大。1921 年,有中国巡捕 72 人,安南巡捕 41 人。到武汉沦陷之前,由于大批难民涌入法租界,界内的治安事务更加繁剧,巡捕房的人数达到创记录的 250 多人。②

法租界的司法审判机构与英租界相仿,都实行"二元"体制,即领事法庭与中

---

① 参见《武汉市志·政法志》第 10 页,武汉大学出版社,1996 年。
② 参见武汉地方志编纂委员会《汉口租界志》第 236 页,武汉出版社,2003 年。

外混合法庭的平行设置。

法国汉口领事法庭:由领事兼任法官,另有两名会审员。领事作为法官的地位固定不变,会审员则随时更换。审理商事案件时,会审员在开庭前临时选任。审理刑事案件时则有固定的会审员,后者每年选举产生,如果因故不能选举时,法国领事可以单独审理。①

法国领事同时还兼任检察官。如果是违警案件,则由领事独自审理。领事法庭受理的对象是被告为法国人或法国附属国人的民事及商业案件。诉讼案件涉及的金额在 3000 法郎以下的动产民事诉讼和违警案件不能上诉。法国汉口领事法庭只对刑事案件进行预审,第一审和第二审则须至越南西贡的控诉法院或河内的上诉法院进行审理。法国人或法国附属国人在接受刑事处罚案件的审理后,若不服汉口领事法庭的判决,可以向法国司法部上诉。汉口领事法庭适用的法律为法国普通法,但以不违反设置领事裁判权的诸法令为限。原告人国家(中国除外)的法律与法国法律相冲突时,援引国际法的相关条款进行裁定。

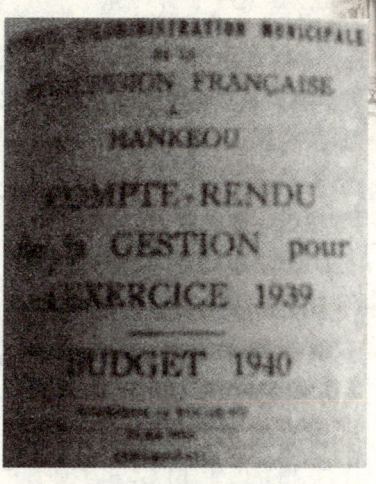

1939 年法租界工部局年报

除了法国领事法庭,还有中外混合法庭。中外混合法庭始于英租界建立之初,面对日益增多的华洋纠纷和冲突,湖北地方当局成立了直属于江汉关公署的"巡查洋街委员会",专门处理中外交涉事务。1894 年将"巡查洋界委员会"改为汉口洋务公所,内设汉口会审公堂,由外国领事官和中方委员联合组成审判员。此即中外混合法庭。

位于法租界的中华基督教信义大楼

为此,专门订立了《汉口会审公堂章程》,对会审公堂的人员组成、受理案件与审理程序等作出了详尽的规定。其主要内容包括:

"遴选同知一员,管理各国租界内钱债、斗殴、窃盗、同讼等案。立一公馆,置备枷杖以下刑具,开设饭歇。凡有华民控告华民,及洋商控告华民,无论钱债及交易各事,均准其提讯、定断,照中国常例审讯。并准其将华民刑讯管押,及发落枷杖以下罪名;凡遇案件牵涉洋人必应到案者,须领事官同委员审问,或派洋官会审。若案情只系中国人,并无洋人在内,即听宗主国委员自行审讯,洋官毋

---

① 参见武汉地方志编纂委员会《汉口租界志》第 249 页,武汉出版社,2003 年。

庸干涉；凡为外国服役，及洋人延请之华民有涉讼事件，先由该委员将该人犯所犯案情移知领事官，立将应讯之人交案，不得庇匿。至讯案时，或由该领事官，或另派洋官来堂听审；华人犯案重大，或至死罪，或至军流迁徙罪，由中国正印官审断，详请臬司转审，由督抚酌定奏咨。倘有命案，亦归地方正印官相验，委员不得专擅；中国人犯有逃避外国租界者，由该委员饬差径提，不用具票，亦不必用洋局巡捕；华洋互控案件审断，必须两得其平，按约办理，不得各怀意见。如系有领事管束之洋人，仍按约办理。倘系无领事管束之洋人，则由委员自行审断，仍须邀一外国官陪审，一面详报该管道查核。倘两造有不服委员所断者，准赴该管道署控告复审；委员应用通事、翻译、书差人等，由该委员自行招募，并雇洋人一二名看管一切。其无领事管束之洋人犯罪，即由该委员派所雇之洋人传提管押。所需经费，按月赴道具领。……总期华洋一律，以昭平允。"①

由上述规定可知，汉口会审公堂受理五国租界内所有涉及到华洋纠纷的案件，在租界内居住但无领事官管束的外国人，若有涉及诉讼的案件，也由汉口会审公堂受理。有时中国官员可以单独审理此类案件，但大多数时候由中方官员与外国领事或其委派的代表共同审理。

辛亥鼎革以后，汉口洋务公所改称"汉口洋务会审公所"。公所还附设了一所监狱，其审理的范围也有所扩大，凡是租界内所涉及的中外纠纷、民事与刑事案件均可审理。该所配备正审官1人，会办委员1人，帮审委员2人。②

汉口洋务会审公所在各租界分别设有派出机构，称为"会审公廨"。

"会审公廨"每周开庭数次，开庭之时，汉口洋务会审公所便派员分赴各庭，会同领事等外国官员共同审理发生在该租界的案件。如果案件的原告是华人，被告是外国人，由领事法庭审理，中方帮审在一旁观审；若认为外方判决不妥，中方帮审可提出建议，要求更改。如果案件的原告是外国人，被告是华人或无领事裁判权的外国人，则在洋务公所审理，外国领事在一旁观审。被告住在租界外或财产在租界外者，由夏口县知县审理。

俄国驻汉口总领事馆

俄租界工部局里的巡捕房

① 王铁崖编《中外旧章约汇编》第一册，三联书店，1957年。
② 武汉地方志编纂委员会主编《汉口租界志》第252页，武汉出版社，2003年。

德、俄、日租界的制度架构与英、法租界大同小异。

领事馆、租界"基本法"、立法、行政与司法相分离的市政管理机构是各租界制度体系的四大要素。

在领事馆与"基本法"的框架下，各国租界都设置了纳税人会议、工部局、领事法庭三个主要的制度要素，以行使立法、行政、司法的职权。

就立法机构来看，德租界也有"纳税人会议"，由界内交纳税捐的个人或团体代表组成。选举权即票权根据纳税额的多少而定，最多为12票。每年二月份举行一次大会，遇有特殊情况，可召开特别会议。纳税人会议选举总董、董事、司库、警监，审查通过工部局的年报、租界年度财政预算、决算等重要事项。

俄租界纳税人会议的情况不详。

日租界称为"居留民团"，按其《居留民团法》及《居留民团法实行规则》的规定，由日租界的居留民选举产生"居留民会"，这是一个兼有立法权与行政权的机构。"居留民会"的代表称为"议员"，每届任期两年，其中半数以上必须是日本人。由"议员"互相推选出议长，正、副议长都必须是日本人。只有在日籍议员占到半数以上时，才能召开会议。

"居留民会"选举行政委员会和民团长，对"民团"的预算、决算、税务、教育、消防、义勇队、救济、卫生、交通等各项事务进行讨论与表决。

1908年3月25日，汉口日租界召开"居留民会"第一次常议会，选举了行政委员，确定了民团役所。同年7月，日驻汉领事将其代管的行政管理事务移交给"民团"。此后每年公历的

德国领事馆大楼

德租界巡捕房

日租界"居留民团"办公地点旧址

三月,"居留民会"都照例召开常议会,"集议诸政"。①

德、俄租界仿照英租界的制度设立了工部局。

德、俄租界工部局的决策机构是董事会,由纳税人会议选举产生,行使包括警察权在内的各种行政权。

日租界的行政管理机构名为"居留民团行政委员会",其职权与结构与工部局基本一致。

在巡捕房的设置上,俄、德租界与英租界相似,将巡捕房纳入工部局的组织体系之中。日租界则与法租界类似,由领事直接管辖巡捕房。

德租界巡捕房于1895年设于工部局内。地址在今胜利街二曜路口(今武汉市公安局户政处)。设巡长、副巡长各1人,印度籍、华籍共50人,便衣侦探多人。

俄租界巡捕房于1896年建立。地址在今胜利街黄陂路口(现黄陂路小学)。巡捕房"下设治安、情报、司法等课",有外籍巡捕21人,华籍巡捕9人。②

日租界的巡捕房设于1898年,由日本驻汉总领事馆直接管辖,负责汉口领事馆管辖范围内的一切治安事务,依据《居留民取缔规则》《警察犯处罚令》《宿屋、下宿屋、料理店、饮食店取缔规则》等"法规"执行"公务"。

根据领事裁判权的规定,以被告人的国籍来确

日本驻汉口总领事馆

定受理案件的法庭和适用的法律。在汉口各租界,凡被告人是享有领事裁判权国家的公民,这类案件,均由该国的领事法庭审理。领事法庭均设于驻汉各国(总)领事馆内。依据此例,俄、德、日三国租界均设有领事法庭,审理本国人在汉口租界的民事或刑事案件,或以本国人为被告的案件。

日本领事法庭审判汉口日本(总)领事管辖范围内所犯轻罪的日本人或以日本人为被告的民事与刑事案件。所用法律为日本国内的民事诉讼法,但这些法律条款可以由日本国会或外务省随时更改。日本人若在汉口租界犯了重罪,其案件由设在台湾的"台北地方法庭"进行初审。汉口领事法庭仅有侦察权。日本驻汉口总领事馆还设有监狱,对人犯进行拘押、监禁。若刑期较长,则要移送日本国内监狱执行。③

汉口的五国租界还设有"汉口领事裁判所",又称"领事公堂"。

---

① 武汉地方志编纂委员会主编《汉口租界志》第245页,武汉出版社,2003年。
② 武汉地方志编纂委员会主编《汉口租界志》第232页,武汉出版社,2003年。
③ 武汉地方志编纂委员会主编《汉口租界志》第250页,武汉出版社,2003年。

它成立于1902年,由驻汉的各国领事(不限于在汉口设有租界的国家)组成。它不适用于中国法律,也不适用于英、法、德、美等国的法律。换言之,"领事公堂"不是一个依据法律进行审判的机构,而是一个类似"仲裁"的机构。当公民(主要是租界内的)或法人不服各租界行政机关(工部局或居留民团行政委员会)的行政处罚或处罚决定时,

日租界里正在站岗的印度巡捕

可向"领事公堂"申诉,不服判决者,"领事公堂"还可转请所在国领事法庭重新审判。

四、文明与野蛮之间:租界市政管理体制的简要评述

汉口五国租界的政治体制从它的构建原则、组织结构上看似乎就是西方现代民主政治的翻版,特别是英、法租界所实行的制度,几乎是本国政体的全盘植入。而俄、德等国尽管民主化进程与英法不能等量齐观,但在租界的制度构建上却尽力与英法看齐,使其租界管理体制呈现出明显的现代性与民主性。就此而论,租界的政治制度确乎代表了现代文明的水平,较之于中国传统的封建专制体制,比照汉口华界的管理体制,租界政治制度与市政管理体制所展示的现代性与先进性是毋庸置疑的。

前文多次指出,汉口华界的行政管理体制是封建专制政体的组成部分,它不仅是一种集权化的管理模式,也是城乡一体化的管理模式。在这种模式下,城市被封建衙门层层控制,市民没有丝毫的参政议政权利,城市的管理与乡村的管理如出一辙。专制的封建衙门对城市的特殊功能视而不见,除了划分里坊、编制户籍、征收赋税、惩治奸宄,别无其他。面对汉口这样的商业中心城市,封建专制体制陷于"不作为"与"乱作为"的矛盾之中。在现行的专制体制下,它既没有专门的、职能化的管理机构,也缺乏系统完善的管理条例与法规,至于法制的观念、制度化的市政管理手段,则更是闻所未闻。

而租界的政治体制与市政管理模式在这方面呈现出迥然不同的面貌,租界内部所制定的较为完善的法律法规体系、租界所建立的以立法、行政、司法"三权分离"为准则的政治体制、还有分工合理、职能明确、结构完善的市政管理机构,以及租界内部各组织、各团体、各界别的多元权力构成……凡此种种都使得它成为一个特殊的、现代气息扑面而至的政治空间。

租界的这种现代气息,加上它特殊的政治地位,使它在近代武汉的城市发展过程中发挥了显著的"示范"效应。城市的规划、市政的建设自不必说,在城市管理体制上,租界对汉口华界也产生了明显的影响。

从一定意义上说,近代汉口民众自治意识的萌生、汉口绅商阶层积极发起的

市政改良与市政自治运动、汉口各界逐步形成的现代市民意识、汉口现代大众传媒的初步建立与"公共舆论"形成、以及公民、国家与社会等概念逐渐传播,等等,都与租界的示范作用有着密不可分的关系。就此而论,租界在近代武汉的城市转型变迁与现代化进程中确实扮演了重要的角色,发挥了重要的作用。当然,正如我们反复强调的,租界的这种示范效应与推动作用并非租界当局有意为之,更不是他们的初衷,此乃客观历史发展的情势所造就,租界在这个过程只不过充当了"历史的不自觉工具",如此而已。

表面看来,租界给我们的印象确乎是西方现代文明的一个不折不扣的翻版,然而这个看似文明的地方却是野蛮的产物,是西方强权与侵略的产物。租界的种种"文明"都是建立在对殖民地半殖民地国家和人民的野蛮侵略之上,是以牺牲中国的领土与主权为代价的。以自由民主自诩的西方列强制造了租界这个世界现代史上最经典的幽默,侵略者站在了"文明"的行列,而被蹂躏的国家和人民却被打入到"野蛮"的深渊。租界的"文明"是以不断侵犯中国的独立与自由的种种行经来书写的。

租界就是这样一个地方,文明与野蛮交织在一起。

同时,我们还应看到,汉口五国租界在制度建构上虽大体一致,然彼此之间的差距依然是明显的。

英租界开辟最早,历时最久,而且有上海的先例,因而在制度的建构上较其他租界更为完备。英租界在模仿移植本国的政治体制方面最为彻底,具体表现在:它有较为完备的法律法规体系、"纳税人会议"所享有的最高权力地位、以及立法行政司法"三权分离"的组织架构等方面。另外,英国(总)领事不直接干预租界行政机构的市政管理事务,权力受到有效的限制。在汉口五国租界中,英国领事对租界行政管理事务干预最少,一般情况下,英国领事不担任工部局董事会的总董,不干预工部局的日常决策与行政过程。对于英租界纳税人会议做出的有关决议,英国领事也只能在决议做出后的数天内加以否决,过了这段时间就无权推翻。如果作一个类比,英国领事相当于汉口

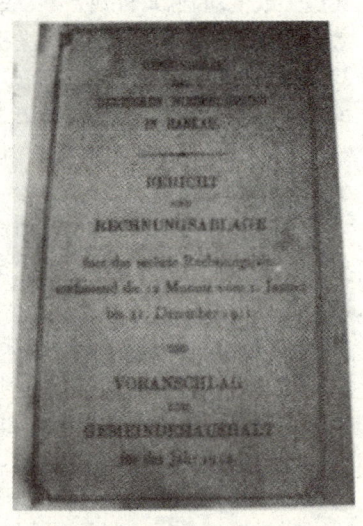

1911年德租界年报

英租界这个"国中之国"的总督,纳税人年会则是以英国富豪为主组成的议会,工部局董事会便是这个"小型自治共和国"的政府。英国领事行使的权力主要是象征性、程序性的权力。

比较而言,俄、德租界在制度架构上完全模仿英租界,无足称述。

而法租界与此有着明显的区别。尽管在制定租界法律体系、建构三权分立的制度体制等方面与英租界并无轩轾,但法国领事却拥有很大的权力,其职权相当于美国总统制下的"总统"。

早在上海法租界辟建时，法国外交部特别委员会就制定了《上海法租界公董局组织章程》，其中规定，上海法租界的一切行政实权归领事，巡捕房也直接归领事管辖；工部局董事会只是个咨询机构，其所有决议均需经领事批准，方可生效。董事会随时可能被领事解散。而选举人大会（即纳税人大会）仅可选举董事会董事，此外并无任何职权。① 依照这个原则，上海法租界确立了"领事独裁"的政治体制，并成为各地法租界的范本。

《汉口法租界组织章程》同样赋予法国驻汉领事以重要权力，汉口法租界也成为"领事独裁"的租界。

日租界内设置的拘役所

日租界的制度架构介乎英、法租界之间，在总体机构设置上模仿英租界，个别名称有所不同，如纳税人会议在日租界称为"居留民会"，工部局则称为"居留民团行政委员会"。在领事的权限上，日租界又与法租界相似，日本驻汉（总）领事直接管辖巡捕房，并对"居留民团行政委员会"有干预之权。

另外需要说明的是，汉口五国租界的制度设置并非一成不变，而是处于一个动态变化的过程中。其中，1917 年中国政府宣布参加欧战、1927 年大革命时期汉口人民收回英租界这两大事件，都对汉口租界的政治体制产生了重大的影响，汉口租界的政治体制随之发生了一系列变化。

1917 年，随着中国政府对德宣战，湖北地方当局接收了德租界，改为汉口特别行政区（后称特一区），原租界的管理体制发生了重大的改变。俄国十月革命后，汉口俄租界也被湖北地方政府接收，随后改为汉口特二区，原租界体制也进行了重大的修改。

1927 年，在汉口人民收回英租界的声浪下，慑于国民政府"重订新约"和中国人民要求收回外国租界的强大压力，加之华人在法租界经济实力的不断增强，法租界当局被迫于 1929 年 11 月 22 日修改章程，规定董事会由法国领事、总董、董事组成。其中纳税人大会选举法国和外国董事各两名，法国领事任命中国董事和法国董事各两名；在法国驻华公使准许范围内，还可以任命一个和多个中国

---

① 参见王铁崖《中外旧章约汇编》第一册，三联书店，1957 年。

董事。这些董事从中国人或在额外的外国人中选出。每位董事拥有同等的权力,任期为两年。领事有权暂停董事会,在法国政府同意下,也可宣布解散董事会。工部局人员由总董任命,由秘书即总办负责具体事宜,主管税收。经过这次"修订",法国领事在租界里的权力虽然并未被削弱,但租界董事会的构成更趋多元化了,特别重要的是,中国人开始进入法租界董事会,使法租界的权力结构开始出现重大的变化。

经过几次"修订"与"改制",汉口租界的制度体系已与最初的情形有了明显的差别。国际局势的风云变化、中国人民民族意识的日益觉醒、中华民族反帝爱国运动的浩大声势,促使列强在租界体制上作出了一系列的修订和改变,租界作为特殊政治空间的色彩由此被一点一点地淡化。

第五章 华洋分界与华洋混融

一、"华""洋"的界线

清末,《汉口竹枝词》里有这样的诗句:
"鸿沟界限任安排,划出华洋两便街。
莫向雷池轻越步,须防巡捕捉官差。"
这首诗道出了当时"华"(汉口老城)"洋"(汉口租界)两个城市空间的分隔与差别。

华洋的这种分隔不仅是空间上的,更重要的是文化上的。

汉口的老城区与租界长期以来是有着重大差别的,甚至是对立的。这种差别既有传统的封建制度与现代资本主义制度的差别,也有东西方不同类型文化的差别,还有基于不平等条约而产生的政治待遇上的差别。所有这些构成为后来"华""洋"矛盾与冲突的主要根由。

研究租界历史的学者,都认同了这样的一个观点:租界是"国中之国"。所谓"国中之国",既指租界不受中国政府管辖的"超然"地位,也表示租界实行着完全不同于中国现行制度的另一套制度。这种"超然"地位与"另类制度"造成了"华""洋"的差别,也引发了"华""洋"之间持续的对立与冲突。

"华""洋"的差别首先表现在"华""洋"界线的划分上,而这在一系列"租界条约"中都有明确的反映。1861年,英国驻华参赞巴夏礼与湖北地方行政当局(布政使)签订了《汉口租界条款》,其中有"自定此

法租界在与华界交界处设立的界碑

约后,即不准民人在租界内再造房屋、棚寮等"的条款。①

1895年10月,清政府责成湖北地方当局与德国驻上海领事签订《汉口租界合同》,其中规定:在划定的租界范围内,"中国官宪应不准存留民房或另新建,致有妨碍,亦不准葬有坟墓。"②

1896年6月2日,俄、法两国分别与湖北地方当局签订租界条约,《汉口俄租界地条约》规定:"俄国永租地基、所有华民地段,从立据画押之后,不准出售、暂租他人;只可永租俄国政府……并照别国章程,不准华民在租界之内建造房屋并居住。"③随后,法国驻上海领事与湖北汉黄德道瞿廷韶签订《汉口租界租约》,其中同样有限制中国人在法租界居住的条款:"法国开办租界,应照别国永租地基章程,于契内均写永租字样,由汉阳府县查勘明确,税契盖印,以昭信守。并照别国租界章程,不准华民在租界内同居。"④

《日本汉口租界章程》明文规定:"租界内之土地,只准日本人民有永借之权""中国无身家之人,不得在租界内住家,开设店铺行栈配药,违者分别惩处"。

华界与租界在空间上的界线虽然明确划分了,但"华""洋"之间要截然分隔开来,显然是不可能的。汉口开埠之初,曾出现过一个短暂的华洋混杂局面。

1862年,英国领事报告说:一些外国商人购买了租界区之外的许多土地;不仅有的在汉口,对岸的汉阳也是如此。⑤ 然而,由于多种原因,这种"华洋混居"的尝试很快便结束了。据当时一些传教士和游历者的报告,在1862年

英租界当局在边界设置障碍严禁华人自由出入

和1863年之间,外国人即已开始放弃他们在汉口老城厢建造或租用的房产,纷纷退回到更为安全的英租界界线内。随着租界环境的迅速改善,它实际上很快成为汉口全体外国侨民的居住区和工作地。这种情况一直持续到19世纪90年代末期。⑥

---

① 王铁崖《中外旧章约汇编》第一册,第145页,三联书店,1957年。

② 王铁崖《中外旧章约汇编》第一册,第145页,三联书店,1957年。

③ 王铁崖《中外旧章约汇编》第一册,第648页、第649页,三联书店,1957年。

④ 王铁崖《中外旧章约汇编》第一册,第686页,三联书店,1957年。

⑤ (美)罗威廉《汉口:一个中国城市的商业和社会(1796~1889)》第59页,中国人民大学版出版社,2005年。

⑥ (美)罗威廉《汉口:一个中国城市的商业和社会(1796~1889)》第60页,中国人民大学版出版社,2005年。

租界里"只有外国人及其广东籍仆人,这样他们就割断了与这个城市其他居民的密切联系"。① 1871 年,一位租界医生如是说。

1886 年,一位欧洲的旅行者写道:租界同汉口其他部分"几乎完全被切断"。

1892 年,一位在汉口江汉关工作的外国人这样描述,在汉口工作的"几乎所有的欧洲侨民",都把自己的活动限定在租界范围内。②

然而,即便在这种情形下,仍有极少数的洋人生活在华界,也有少数的华人生活在租界里。"华""洋"之间并不是截然分隔的。

外国人中有两种人并没有把自己局限于租界的范围内,一是传教士,一是日本人。

当汉口刚刚开放时,天主教传教士异常地活跃,基督教传教士也在这一时期再次出现在这里,但是传教的结果却不是很乐观。为了摆脱这一困境,天主教与基督教的教会组织开始改变传教的方法,尝试了一些新的做法,从慈善、医疗、学校等活动入手,拉近与中国普通民众的距离。于是他们在租界外的汉口城区(包括武昌、汉阳)建医院、设育婴堂、办学校,传教士们成为经常出现在汉口老城厢的外国人。

只有传教士在汉口租界内外都很活跃,中立者为汉口著名传教士杨格非

1874 年前后,日本人首次出现在汉口。③ 1885 年起有很多的日本商人来到汉口,其中不乏像荒尾精那样另有他图的日本人。荒尾精表面上是商人,实际上是"泛亚洲主义"思想的狂热鼓吹者,还是日本陆军部的情报人员。如同在他之前来到汉口的西方商人和传教士一样,荒尾精也想利用汉口作为基地,打开华中各地,宣传他的学说,收集中国内地的情报。但是,一开始的时候,"除了挫折几乎一无所获"④。后来,他借鉴西方传教士的做法,假"乐善堂"之名,行经济渗透

---

① (美)罗威廉《汉口:一个中国城市的商业和社会(1796~1889)》第 58 页,中国人民大学版出版社,2005 年。

② (美)罗威廉《汉口:一个中国城市的商业和社会(1796~1889)》第 58 页,中国人民大学版出版社,2005 年。

③ 《申报》光绪十二年十二月十五日。

④ (美)罗威廉《汉口:一个中国城市的商业和社会(1796~1889)》第 62 页,中国人民大学版出版社,2005 年。

与情报搜集之实。

生活在租界之外的外国人就是这两类：带着强烈宗教目的的传教士和居心叵测的日本人。

而在汉口的租界里，虽然有中国人，但为数寥寥。他们大多拥有特殊的身份，有特定的社会关系网络，生活在租界里的中国人多为仆人，其中大部分是从上海跟随主人而来，因此他们与汉口"华界"很少有联系。而租界里的汉口原住户大多被赶出，据有关资料记载，英租界建立时，大约有2500户中国家庭被迫迁走了，①一旦被赶走，他们就很难再回到租界地区居住或工作。1870年，湖北汉黄德道兼江汉关监督和兰提醒英国领事说："汉口不是上海，这里的中国人既不在租界的洋行或商店里做事，也不在（租界的）码头上卸货。"②

"华""洋"的分隔已成为明显的社会事实。

当然，"华""洋"的界线后来逐渐变得模糊了，这首先是租界当局的扩界行为使华界与租界形成犬牙交错的状态，"华""洋"的截然分隔在空间地理上已难以达成。其次是租界内华人数量的日益增加，使租界内的人口结构发生了实质性的变化，租界已成为"华洋混杂"的地方。再次，租界作为一个城市社区在功能上必须与华界发生各种各样的联系，如此才能维持正常的运行。所有这些，都使得"华""洋"界线只具有文化观念上的意义，而不具有实际的意义。

二、隔膜与冲突：早期的华洋互动

当西方的异质文化凭借着列强的武力进入长期封闭的汉口的时候，汉口市民将会以怎样的文化心态去面对它呢？两种文化之间将会呈现出一种怎样的状态呢？那是一种由陌生而产生的隔膜，由差别而产生的疑惑与对立，以及由这样的一些情绪或心态所衍生出的矛盾与冲突现象。

对于忽然之间出现在汉口城厢一带的金发碧眼的"洋鬼子"，汉口市民投向他们的第一瞥是惊异和疑惑的眼神，

"他们来自哪里？"

"他们究竟来干什么？"

"他们是怎样的一群人？"

"他们嘴里叽里咕噜到底讲的是些什么？"

……

可以想见，这些疑惑会时常萦绕在汉口市民的心中，没有什么确切的答案。对于这些金发碧眼的"洋鬼子"，除了表示惊异与疑惑，就是避而远之，或是小心提防，再不就是群起围观，这是他们面对"异类"时的一种本能反应与惯常做法。

隔膜源于彼此的陌生，隔膜也会导致"刻板印象"，排斥、歧视乃至敌视的文

---

① （美）罗威廉《汉口：一个中国城市的商业和社会（1796～1889）》第62页，中国人民大学版出版社，2005年。

② （美）罗威廉《汉口：一个中国城市的商业和社会（1796～1889）》第62页，中国人民大学版出版社，2005年

化心理便由此产生①。可以说,早期的"华""洋"纠纷和冲突大多都与此有关。

这种隔膜、疑惑、敌视的文化心态最典型地反映在对待洋教会与洋教士的态度上。

早在17世纪的30年代,基督教耶稣会士就进入武汉地区传教,

英租界的水兵正在筑设街垒

但屡遭地方政府的禁限,民众大多也采取抵制的态度。鸦片战争以后,天主教开始在武汉地区传播,至汉口开埠前,天主教在武汉地区已发展教徒千余人,基督教会的各传教组织又开始在武汉地区进行传教活动,特别在武汉周边的农村,但大多数村民对洋教是采取抵制、敌视的态度。对洋人教会开办的学校、育婴堂、医院,当时流行着这样的传闻:说洋人洋教对孤儿"剜目""割肾",洋人是食人肉喝人血的怪物。这样的传闻是如此之多,以致连地方督抚这样的大官都要亲自过问查实。例如张之洞在广东和湖北任职时,就指派下属官吏和地方绅士定期到教堂和孤儿院查验,看看是否果如传闻所言,结果证明,有关洋人"饮血食人"的传闻,"纯属无稽之谈"。②

在中国人的潜意识里,中外的区别不仅是明显的,而且是巨大的,就如同华夏与夷狄一般。所以,在最早开辟租界的上海,最初称外国人为"夷人",外国人住的房子为"夷屋",外国人的居留地租界为"夷场",通往租界的北门称为"夷门",等等。这些特定的话语强调的就是"华夷之辨""夷夏之防"。

直到20年之后,对外国人的称呼才改"夷"为"洋"。1872年7月,《申报》刊登了《洋场竹枝词》,始以"洋"易"夷"。1876年上海的新年竹枝词中也称"城中人爱洋场去,城外人争入庙园"。此后,"洋人""洋场"的说法才日渐流行。③

具有文化意味的是,对洋人的这种抵制与排斥的情绪最先是在中国的精英分子——士绅阶层中产生的,他们反对的靶子最开始并不是租界里的洋人,而是租界外面的洋教士与洋教。许多资料显示:武汉地方的士绅阶层是反洋教的中坚力量,他们采取了种种措施,如设法整理国故和弘扬固有的文化,开办崇文书局,以及在武汉周边近郊地区修缮重建业已破败的书院等,以此对抗洋教的扩张之势。

对于武汉地区士绅这种做法,当时赫赫有名的传教士杨格非曾这样评论,他

---

① (英)齐尔格特·鲍曼《通过社会学去思考》第45页,社会科学文献出版社,2002年。
② 廖德英《记宜昌圣母堂孤儿院》《天主教宜昌教区简史》,转引自罗福惠主编《湖北通史·晚清卷》第166页,华中师范大学出版社1999年。
③ 罗苏文《近代上海都市社会与生活》第90~91页,中华书局,2006年。

说教会的所作所为"不能不触怒他们(指中国的士绅——笔者按),布道会使他们受辱,因为你这样做就处在老师的地位上。发行宗教书籍或科学书籍也会使他们受辱,因为这样做时,也就认定了中国并未保有全部真理和知识。……提倡发展点什么吧,也会使他们感到侮辱,因为这是暗示中国并未达到文明的顶点,而你站得比他们更高"。①

文化上的正统感与对中国文化的强烈卫道意识是士绅们对洋教大张挞伐的主要缘由。

士绅们反对洋教,只是在精神层面,而普通民众反对洋人则往往以行动来表达。

所以,汉口开埠以后的"华""洋"冲突主要发生在汉口普通民众与洋人之间,纠纷与冲突主要表现在社会行为的层面,一次怒目相视、一次口角、一个肢体的碰撞,往往会引出一次"华""洋"间的激烈冲突。此类事例,史籍上多有所载。

英租界辟建之初,在与汉口华界交界的地方,经常发生所谓"背娘舅"的事件。

当时,汉口市民对租界里的印度巡捕,即俗称的"红头洋人"十分痛恨,于是他们选择在租界与汉口老城区交界的偏僻处,在深夜无人之时,突然将正在站岗的印度巡捕的颈脖套住,背起就跑,跑到水塘边猛地一掷,神不知鬼不

停泊在汉口江面的外国军舰

觉,汉口人将这种突然袭击的做法戏称为"背娘舅"。于是,英租界的印度巡捕就常常神秘"失踪",搞得英租界上下,人心惶惶,惊恐不已。②

1863年6月20日,英商麦士尼(Mesny)与美国人汤甫(Thompson)携带武器自汉口出发,欲入武昌游览,在汉口龙王庙码头乘渡船时,被邻船的中国兵勇骂为"洋鬼"。麦士尼、汤普森有意将船摇近兵勇,结果引起冲突,麦士尼受伤,返回海关治疗。③ 类似的华洋纠纷与冲突,在刚刚开埠的汉口地区,几乎年年都会发生。

1864年6月,汉阳人彭尚会路过义生洋行的门前,被英国商人炉礼士开枪打死,事发后,汉阳县知县孙福海随即同英国领事馆的武官达士前往事发地点进行

---

① (美)柯文《在中国发现历史》第35页,中华书局,1989年。
② 武汉市政协文史委员会编纂《武汉文史资料(租界专辑)》1991年第四辑。
③ 武汉地方志编纂委员会《武汉市志·外事志》第60页,武汉大学出版社,1991年。

调查,英国领事认为此事属于英国人炉礼士误伤人命,于是作出了罚款400元、将炉礼士遣离中国的判决。汉阳县孙知县认为判决过轻,乃上报给总理衙门,请其转达英国驻华公使,敦促英国驻汉领事迅速将炉礼士捉拿治罪。但英国公使答复说,炉礼士枪杀华人的行为不能定为故意杀人,而是过失杀人,这些情况就是在英国国内也不能定为死罪。现在既然已经重罚,并将其遣离中国,就不能算是轻判。发给死者家属一些抚恤金就行了。汉阳县知县也无可奈何,只得通知死者家属将罚金领走,便草草了结此案。①

1865年12月3日,两名法国人携带一只洋狗路过汉阳一名武官尹景昌的家门口,双方发生口角,法国人唆使狗子在尹家的门前狂吠,尹家一位客人见状大怒,拿起一根长矛将洋狗刺伤,法国人也将尹家的窗棂捣毁,然后离去。尹景昌回家后,闻知此事,怒不可遏,带着自己的下属把总陈士雄、丁勇、夏修仁等一干人出门追赶,追至龟山附近,一名法国人已逃走,另一名法国医生被截住,丁勇夏修仁用木棍击打法国医生,使其后脑受伤。尹景昌等人遂将这名法国医生扭送到汉阳县衙,请其押送到江汉关署。江汉关监督郑兰问明情况,乃将法国医生送还到法国领事馆。这时法国领事达伯理并不在官署,而是带着一队士兵赶到了尹景昌的家,抓走了尹家的伙夫、佣人一共九人,还不罢休,又赶到汉阳县衙,将夏修仁和陈士雄带到了法国领事馆。事情越闹越大,江汉关监督郑兰出面照会法国领事,经过一番交涉,法国领事馆同意放人,由汉阳县知县将丁勇、夏修仁、把总陈士雄领走。法国领事要求湖北地方当局惩办尹景昌等人,湖广总督官文应允了这一要求,将都司尹景昌、把总陈士雄革职查办。法方才算罢休。②

1866年某月,法国驻汉领事杜布瑞与一名法国军火商在汉口的近郊打猎野兔,其间一枪击伤附近的农民。双方遂发生纠纷,法国领事等人态度傲慢,只愿赔偿受伤农民2元钱,众多村民不依,起而夺其猎枪,要求合理赔偿,二人见众怒难犯,乃满口应允而去。过后非但不赔偿,反而要求汉黄德道道台惩罚村民,归还枪支。道台拒不受理。法国领事竟然调来一艘军舰向汉口地方当局示威,并向道台发出限24小时答复的最后通牒。不等道台答复,法国领事就带着一群法国水兵及陆战队向该村进发。汉黄德道道台也领着一群当地武装民众跟随在后,但被法军所逮捕。在没有任何抵抗的情况下,法军野蛮地将该村焚烧,屠杀了该村所见到的人畜,少数逃出的村民也被扣为人质。③

早年的"华""洋"冲突多发生在租界以外,由于租界内尚未形成"华""洋"杂处的局面,纠纷与矛盾自然就很少见。到了20世纪初,汉口五国租界内的人口结构发生了很大的变化,"华""洋"杂处的格局已经形成,与此相应,"华""洋"之间的冲突开始明显多了起来。冲突主要是在租界从事力役的华人(如人力车夫)与外国巡捕之间,并由此扩展到"华""洋"两界的其他群体之间。冲突的起因往往是华人的身家性命遭到无端的侵犯,其他市民起而呼应,继而与洋人或租界当

---

① 武汉地方志编纂委员会《武汉市志·外事志》第64页,武汉大学出版社,1991年。
② 武汉地方志编纂委员会《武汉市志·外事志》第65页,武汉大学出版社,1991年。
③ 武汉地方志编纂委员会《武汉市志·外事志》第65页,武汉大学出版社,1991年。

汉口的租界

局发生纠纷,甚至是激烈的冲突。而结果往往是湖北地方当局压服汉口市民、迁就洋人,与租界当局妥协而草草了事,最典型的事例就是"吴一狗被殴致死事件"。

1911年1月21日,人力车夫吴一狗驾空车从英租界的大舞台向怡园方向行进,一名印度巡捕在吴的车子行过时用警棍朝车身击打了一下,吴一狗以为对方要坐车,随即放下车杆,将车停下,不意车轮碰到了印度巡捕的脚部,印度巡捕大怒,举棍朝吴猛击一下,后者当即倒地,印度巡捕又朝吴的身上猛踢几脚,未几,吴一狗气绝而亡。这名印度巡捕忙叫来同伙将吴的尸体拖到马路外,意图抛尸灭迹。当时众多在场的华人目睹此事,出面阻止,印度巡捕一干人又将这批华人都拘押到英租界的巡捕房,并威胁大家作证,说吴一狗是病死,而非被打死。这时,吴一狗的家属也闻讯赶到了现场,将尸体抬到巡捕房,被巡捕阻拦。吴的

做人力车夫是汉口市民在租界谋生的主要行当

家属急忙跑到夏口厅请求派官验尸,并主持公道。夏口厅的一名官员王木斋查验尸体后,说吴身上没有"足踢伤痕",是"因病致死"。当时在大智门至一码头附近的众多人力车夫知道此事,无不义愤填膺,当天晚上,租界里的人力车夫们聚集在德租界的华景街一带,大家商量,一起向英租界的巡捕首领去论理,讨一个说法。

第二天清晨,一些闻知此事的汉口市民,约400多人,也在英租界的一码头附近聚集,积怨已久的汉口市民群情激愤,痛感洋人欺人太甚,有人抡起砖头石块砸向印度巡捕,一些印度巡捕见势不妙,纷纷跑到江汉关署躲藏。正在这时,附近太平洋行的一名英国人突然向人群开枪,打死了一名市民,聚集的民众情绪更加激愤,砖石瓦片雨点般地掷向英租界的巡捕房,双方遂发生了激烈的冲突,英国领事法磊斯悍然调集英国水兵600多人,向聚集的群众开枪射击,当场打死7人,打伤10余人,制造了一场屠杀汉口市民的惨案。惨案发生后,汉口民众愤愤不平,举行了更大规模的抗议活动,从花楼街至一码头一带的商店铺面群起罢市,租界内的人力车夫和码头工人全体罢工。湖北咨议局见汉口民众群情汹汹,担心事态进一步扩大,于是派湖北地方有关官员再对吴一狗的尸体进行查验。然而验尸的官员迫于压力,仍然作出吴是"因病致死"的结论。并通过汉口《大江报》宣布了这一结果。于是夏口厅的官员就通知吴一狗家属,收尸回家,运往乡下安葬。发给吴的母亲100元,算做是抚恤,以此了结此案。

这件事虽暂时平复下来了,但汉口市民人心不服,此事对汉口绅商阶层的触动也很大,汉口各界的民族情绪高涨起来,当时武汉众多的民间团体连日集会,大家一致认为洋人太蔑视华人了,视华人性命如草芥,全体湖北民众必须联合起

来,为自己权利与尊严进行交涉和抗争。武汉的民间团体敦请湖北咨议局向英国政府提出交涉,以讨回公道。湖北咨议局连同其他机构向英国驻华公使提出交涉,但终因中国政府的软弱、英国政府的蛮横无理而未取得任何结果。①

"吴一狗之死"是汉口自开埠以来"华""洋"矛盾的一次集中展现,围绕着吴一狗的死因从头至尾都争执不休,其实,此事发展到后来,吴一狗到底因何而死已并不重要了,关键的所在是汉口民众对以租界为代表的洋人势力的极度不满与强烈的抗争,这种对租界与洋人的不满积聚已久、文化心理上的对立、政治上的不平等、加上现实生活状况巨大反差使汉口民众对租界的怨愤与日俱增,这种情绪后来逐渐升华为反帝爱国的精神,为武汉地区掀起声势浩大的反帝运动奠定了深厚的思想基础与群众基础。

三、从"华洋互市"到"华洋互动"

汉口自租界辟建以来,"华""洋"中外之间的互动就前所未有地展开了,这种互动关系不尽是对立与冲突,而是呈现出多样化的模式。特别是随着"华洋互市"、中外贸易的日益频繁,"华""洋"之间的交流与沟通也在不断加深,彼此在文化心理、行为方式、价值取向等方面逐渐由隔膜到接近,从陌生到熟悉,从排斥到接纳,这是一个曲折而艰难的文化历程,也是汉口从封闭走向开放的社会转型过程。

1."华洋互市"的初启与繁盛

洋人来到汉口主要的目的是"通商",因此,他们所有的活动都是围绕着"通商"而展开的,尽管实际情况并非总是如此。

当初,由于文化的隔膜、不平等的政治关系,使"华""洋"之间壁垒森严,形如冰火。租界辟建以后,"华""洋"的"交往"开始频繁起来,特别是以进出口贸易为主的"华洋互市"规模越来越大,"华""洋"之间的相互了解开始逐步加深,"华""洋"之间森严的壁垒也在一点一点地破除。于是乎,由"华洋互市"进而演化为

汉口江汉关每年都有数额巨大的进出口货物报关,成为内地最繁忙的海关

"华洋互动",就是自然而然的事情了。在这里,我们看到,经济活动、特别是中外贸易活动具有一种怎样的魔力,它成为增进不同文化间相互了解与熟悉、加速文

---

① 参见武汉地方志编纂委员会编纂《武汉市志·外事志》,武汉大学出版社,1991年。

先前冰炭不容的中西文化交流与融合的最有力的杠杆。

先前冰炭不容的中西文化，在"华洋互市"的强大浪潮下逐渐消融，而在这一过程中，洋行与买办扮演着重要的角色，发挥了独特的作用。

洋行本是一种特殊的经济贸易组织，但它实际发挥的功能却不只这些。买办只是为洋行服务的贸易代理人与经纪人，而在后来日渐繁盛的"华""洋"互动交往中，它却扮演了文化媒介的特殊角色。

法国立兴洋行旧址

而不论是洋行或买办，都是以租界为舞台的，在这个舞台上，他们的角色活动远远超出了经济贸易的范围。

汉口"因商而兴"，商业活动的繁盛是武汉城市经济的一个首要特征。

明清之际，汉口作为"天下四聚"之一，①发挥着内地市场中心的作用。全国各地的手工业产品、农副土特产品在此集散、转输流通。广东的铁器、成药、手工艺品，苏浙的丝绸，松江的大布，扬纱蜀锦，川闽的栏杆，北京的靴鞋，湖笔徽墨；更有湖广川湘之米，云贵的山货、桐油，陕甘的山货皮毛，皖赣的茶叶，等等，都汇集于此，向四方流通，那时汉口的商业贸易活动主要是国内贸易或埠际贸易。

然而，直至19世纪80年代，汉口的商业仍是一种典型的封建经济结构下的传统商业，这种商业以传统的"八大行"（即八个交易额最大的行业）在整个商贸活动中的主导地位为表征。据统计，截至19世纪80年代末，汉口年贸易额约为1亿两白银，其中九成为"八大行"所贡献。如盐行年均贸易额约为400～500万两，米粮行年均贸易额约为

汉正街店铺林立、商贾辐辏，是汉口最繁华的街市

1800万两，杂粮行年均贸易额为1800万两，棉花（含土布）年均交易额为800万两，食用油年均交易额2300～2400万两，茶叶年均贸易额1700万两，药材年均交易额为300万两，广福杂货行年均营业额约为600～700万两。②

① 参见刘献庭《广阳杂记》，中华书局，1999年。
② 《武汉市志·商业志》第37页，武汉大学出版社，1989年。

开埠以后，汉口逐渐成为内地最大的埠际贸易和"华洋互市"中心。

"华洋互市"主要表现为汉口的对外贸易，从19世纪60年代到20世纪初，汉口的对外贸易持续快速地增长，显示了"华洋互市"规模的不断扩大。到了民国初期，在汉口的贸易总值中，国内贸易（埠际贸易）与国际贸易（对外进出口贸易）平分秋色。参见下表：①

汉口市场中往来如织的人流

1911年～1920年汉口"国内贸易"与"国际贸易"在贸易总值中所占份额的比较

年份	对外贸易总值 （万关两）	国内外贸易总值 （万关两）	对外贸易所占比例
1911	6 089.8	11 795.7	51.6%
1912	6 704.0	13 503.2	49.6%
1913	8 057.2	15 402.9	52.3%
1914	7 995.4	14 132.9	56.6%
1915	6 996.2	16 090.5	43.4%
1916	7 168.9	17 481.9	41.0%
1917	6 996.1	17 073.0	41.0%
1918	6 588.5	16 516.2	40.0%
1919	7 877.5	20 039.8	39.3%
1920	8 280.5	16 995.2	48.7%

上表显示，辛亥鼎革以后的十年，汉口的对外贸易总值几乎占了整个商业贸易总额的一半左右，十年中平均占到46.3%，这充分说明，经过半个多世纪的"华洋互市"，汉口已不单单是一个"内贸中心"，而且成为中国内地最大的"华洋互市"中心，基于"华洋互市"而发展起来的国际贸易已成为汉口经济活动的重要组成部分。

由于"华洋互市"规模的日益扩大，汉口的经济结构、乃至社会结构开始发生显著的变化，外向型的经济结构、开放型的社会结构已成为20世纪汉口的主要特征。对于汉口发生的这一变化，《海关十年报告》的作者曾作过这样的描述：

---

① 数据引自实业部国际贸易司编《三十四年来中国中部通商口岸进出口贸易统计》，商务印书馆，1935年。

"我们可以看出在近几年汉口是在以多么巨大的步伐向前迈进。这里不再是一般的通商口岸,它已经发展成为帝国极为重要的商业都会。展望前景令人鼓舞,随着铁路与航运联网,汉口与世界的联系将会日趋密切,它的政治与商业地位也会随之得到加强。"①

许多史料显示,到了20世纪初,汉口的年进出口总值高达一亿七千万两左右,在许多年份里,汉口的进出口贸易总额仅次于上海,位居全国第二名,在当时全国的各类贸易统计表中,汉口都位于全国"四大商埠"或"五大商埠"之列的。②时任日本驻汉总领事的水野幸吉对此印象深刻,他曾这样描述当时汉口对外贸易的盛况:"夙超广东,近凌天津,今直位于中国要港之第二,将进而摩上海之垒,使外人艳称之为东洋芝加哥。"③

19世纪末,由于汉口开埠日久,"华洋互市"加剧,洋货的数量与种类日益增多,汉口商业活动中以"八大行"为主导的行业格局开始被打破,一些以经销洋货为主、不在"八大行"之列的商业行业异军突起,形成为新兴的行业。"洋货行"就是这种新兴商业行业的代表。

"洋货行"泛指经营洋货的商业行业,既包括日用百货商店,也包括专营棉纺织品、毛纺织品的商店。最先经销洋货的杂货店成为洋货行的前驱。例如洋布的经销,最初由京广杂货店、广福杂货进行,这些商店开始只是"代销"或"兼营"洋货,后来洋布的销路大开,销量急剧增长,它们就由"代销"洋布转为"主营"洋布,"洋布行"——一种专营洋布的行业就此形成了。④

19世纪初的汉口歆生路,销售洋布、呢绒的商店很多

机织布初由英国输入,甲午战争以后,日本机织布大量输入,逐渐取代了英国在中国市场中的地位,19世纪末20世纪初的十几年,外国机织布输入汉口市场约有370万匹,此后,随着民族纺织业的崛兴,国产机织布与洋布各占市场半数,在此过程中,经营布匹的商业开始发生变化,匹头号——经营机织布的批发商开始出现,当时称为匹头贩运业或洋货匹头业,并分为湖北、安徽、浙江三帮。

---

① 《海关十年报告》天马图书出版有限公司,1993年。
② 周德钧:"近代武汉'国际市场'形成与发展述论"载于《湖北大学学报》2006年第2期。
③ (日)水野幸吉《汉口:中央支那事情》1908年。
④ 武汉市政协文史委员会编纂《武汉工商经济史料》第一辑,第4页,1983年(内部发行)。

后又出现规模稍小的布匹批发商——荷包匹头号,以及经营机制毛纺织品的呢绒号。①

五金交电商行也是19世纪兴起的现代商业门类,它与中外贸易的发展密切相关。由于华洋互市规模的不断扩大,在武汉市场上,外国洋行、上海五金商号大量推销现代电器电料、自行车及其配件、汽车配件,汉口原来经营手工铜器铁器的"铜铅号""生铁号"纷纷转向经营五金交电,经销的对象与方式发生改变。到20世纪20年代,武汉新兴的五金交电商业已形成18个子行业,即五金业、铁业、玻璃五金、白铁、电材、电器、无线电、自行车、汽车材料、电料等。②

在经销洋货的过程中形成并发展起来的新兴商业行业还有西药店、化工颜料商行。西药最初由洋行兼营,后来专营中药的商店纷纷以西药为经销对象,时称"西药业"或"西药店"。西药店不同于中药号,它们在设备、品牌、经营管理等方面均以"西化"为特色。其中具有代表性的当数"大药房"。

"大药房"以进口西药为主要经销品种,由各国驻汉洋行率先开设,当时在汉口经营西药的洋行有英国的卜内门、天祥、老晋隆;德国的禅臣、百邦;美国的慎昌、派德、赉礼;瑞士的罗氏,以及日本的日华药铺、若林药房、丸三洋行、思明堂药房等。1914年经江汉关报关进口的西药总值70万关平两(不包括转口的货值),③西药贸易业已初具规模。

在"华洋互市"的影响下,"洋货行"及其他一些新的商业门类开始出现,到了民国中期已渐成规模,它们的出现打破了汉口旧的商业格局,使传统"八大行"的内部构成发生了实质性的变化。此前,"八大行"的主体是盐、米、棉、油、茶、药材、杂货等,至20世纪初,以匹头业、洋货行为代表的新兴商业在"八大行"中占有显著的位置。而洋货行又包括诸如洋布、洋纱、匹头、呢绒号、五金交电、西药、化工染料等众多门类,因此,洋货行的崛起说明在汉口的商业活动中洋货开始压倒了土货,机制工业品压倒了手工制品。

洋行是"华洋互市"的主角,是推动汉口国际贸易迅速发展的主导力量。随后"华洋互市"的规模越来越大,洋行、洋商的数量也不断增加,据有关资料的统计,至20世纪初,各国在汉口设立的洋行达一百四十多家,长期在汉口从事贸易活动的外国商人多达三千余人。④

下面让我们看看几家在汉口具有重要影响的洋行:

美最时洋行(Melchersang co.),它是总部设在德国柏林的一家大型进出口贸易公司,在英、法、意等国均有代理店,在我国上海设总分行,在天津、青岛、汉口、广州、香港等地设分行。美最时汉口分行在1861年开业。先在英租界,后迁到德租界,主要进行土货的收购,洋货倾销次之。同时还兼营保险、航运,还开设了一家发电厂,在汉口的经营活动长达80余年。

---

① 武汉市政协文史委员会编纂《武汉工商经济史料》第一辑,第6页,1983年(内部发行)。
② 武汉地方志编纂委员会《武汉市志·商业志》第37页,武汉大学出版社,1989年。
③ 武汉地方志编纂委员会《武汉市志·商业志》第299页,武汉大学出版社,1989年。
④ 参见武汉地方志编纂委员会《武汉市志·外事志》武汉大学出版社,1991年。

汉口的租界

德国美最时洋行旧址

美最时是一个规模很大的贸易公司,内部由进口部、出口部、保险部、轮船部、电灯厂等部门所组成。进口部——负责洋货的倾销,货源主要来自德国,兼有其他国家的工业制品。主要品种是德国克虏伯厂的钢铁、大小五金、机械设备、皮革、光学仪器。还有荷兰的电料、颜料、化工原料、拜尔厂的药品、香料。还推销瑞典的火柴、纸张,英国的呢绒、匹头等。在这些业务上,美最时与礼和、谦信等德国洋行进行了激烈的竞争,在汉口市场中难分伯仲。

美最时洋行的优势项目在出口部。(所谓"出口",即收购中国的土货运销到中国以外的地方,主要是欧美国家和地区)收购主要品种是牛羊皮、豆类、芝麻、五倍子、茶叶、烟叶、桐油、生漆、蛋制品等。每年营业额达 800 万两白银。这是一个相当惊人的数值。在这个规模巨大的"出口贸易"中,蛋制品的出口占到了46.2%,其次为牛羊皮、生漆、桐油、豆类等。各类土货都由买办经手操办,向各地商铺行栈收购。经过加工包装,装运出口。出口部下设几个加工厂、打包厂,分别在其租界的河街与胜利街、球场街等处。

除了经营规模巨大进出口贸易,美最时洋行还代理保险业务,主要对汉口租界内洋行的资产(房屋、仓库、机械设备、货物)、公共财产进行保险代理。美最时洋行在德租界的江边地段修筑了专用码头和货栈,开辟有申汉、湘汉等航线。并在 1908 年开设发电厂,取名"美最时电灯厂",该厂装有内燃发电机两台,各 500 匹马力,月发电量 7500 千瓦,供德租界 500 多户居民及商家使用。汉口美最时洋行的历任买办有胡听潮(副)与胡芑水(副),李梅堂与李萼一、王伯年、王芸卿与张竹如,陈志西等。其中以王伯年任职最长。①

怡和洋行(Jatding Martheson And Co,Ltd),又称渣甸—马德生有限公司。总部设在香港,后在上海设立怡和中国总分行,汉口怡和洋行设立于 1880 年前后,是上海怡和洋行的分行。怡和最初以江河航运为主营业,兼及其他。该行的主

---

① 武汉市政协文史委员会《武汉文史资料(汉口租界)》1991 年第四辑。

管机构称为"船头部",下设轮船、趸船、码头、堆栈四个部门,航线主要有汉申、汉长、汉宜等多条。还设有银行部、保险部。清末民初时,怡和的业务不断扩大,于是又增设了进出口部,专门从事进出口贸易。主要是廉价收购中国内地的农副土特产品并倾销洋货。通过汉口的行栈大肆收购棉花、杂粮、牛羊皮、五倍子、桐油、矿砂等土货,向中国倾销的洋货主要是棉纱、布匹、呢绒、五金机械、砂糖等。进出口的年贸易额均达100万元(银元)。怡和的进出口贸易远不及美最时、礼和等德国洋行,但在航运市场上则长期处于龙头老大的地位。在其业务鼎盛之时,它在中国内地开辟的航线多达十余条,客货轮达20多艘。怡和洋行在汉口声名很大,它的总买办李仙洲是汉口商界的闻人。怡和洋行的大班是英国人杜百里,他长期在怡和洋行供职,出任汉口分行的大班长达20年之久,时人称之为"汉口王"。在任期间,他在汉口西商跑马场的西北面购地9.9万平方米,修建了租界外的一块飞地——怡和村,共建洋房10余栋,一座花园。他是汉口租界里外商的上层人物,担任着英国商会、英国波罗馆、西商赛马会及特三区董事会的董事或董事长①。

法国立兴洋行大楼

立兴洋行是法国在中国开设的最著名的洋行,1870年在上海创办。汉口分行创设于1895年,以进出口贸易为主,兼营航运地产。重要业务为土货的收购(时称"出口"),以猪鬃、牛羊皮、桐油为大宗。汉口"地皮大王"刘歆生曾为立兴洋行的买办。立兴洋行的进出口贸易规模不算很大,但在个别品种上具有明显优势,如猪鬃、桐油等。立兴洋行对收购的土货特别挑剔,压价也厉害,故在当时的汉口商界流传着这样一句歇后语:"三星白兰地和咖喱鸡——辣得很","三星"即立兴、永兴、公兴,是三家法国洋行,"咖喱鸡"即德商加利洋行。第一次世界大战前后是立兴洋行经营最为红火的时期。

在整个"华洋互市"的过程中,洋行始终处在一种主导的、核心的位置上,近代以来汉口对外贸易的发展充分说明了这一点。洋行凭借着雄厚的资本与政治上的特权,控制着汉口进出口贸易市场,不管是土货的收购,还是洋货的倾销,事实上都是由洋行所操控的,从资本、价格到销售网络,从土货的定价收购到洋货的抛盘销售都由洋行决定,中国的买办、行商、庄户、民众都只是次要的配角。

洋行以进出口贸易为手段编织起一张巨大的网,这张网

---

① 武汉市政协文史委员会《武汉文史资料(汉口租界)》1991年第四辑。

覆盖了整个汉口市场，
覆盖了中国内地的市场，
覆盖了从城市到农村的每个角落。

这张网

将汉口市民的日常生活与西方世界联系在了一起。

洋行拉近了"华""洋"的距离，使两者从"互市"到"互动"进而发展到"混融"。

"华洋互市"的繁盛使汉口从内河"船码头"发展成为"东方芝加哥"；从一个封闭的内地商埠，发展成为通江达海、面向世界的国际化都市。

而在这一过程中，"华""洋"的界限越来越模糊了，一个"华""洋"混杂的局面正在悄然形成。

2. 买办与教士——沟通"华""洋"的文化中介

在"华洋互动"中的另一个重要角色就是买办和教士。

买办是近代中西文化冲突与交融的产物。从中国近代的第一个不平等条约《南京条约》签订之日起，近代的买办阶层就随之产生了。

陈仙洲（1864～1951），汉口怡和洋行总买办

前面已多次说到，西方商人来到中国，首先遇到的是巨大的文化障碍。而要在短期内克服这种文化障碍，决非易事。他们对中国内地市场的情况几乎全然不知，中国强大的行业性和地区性行会，各种各样地域性、宗法性的商业团体，以及繁杂的交易规则，使外商在事实上不可能直接同中国商人进行贸易。必须雇用买办这类"文化中介"才能顺利地同中国人做生意。

任何事物都有两面性，买办的出现和发展同样地表现出了两面性。买办在外国资本主义对中国的经济侵略中确实充当过助纣为虐的角色，他们崇洋媚外的文化劣根也广为人们病诟，然而，不容忽视的另一个事实是，买办在推动中外贸易发展、促进中外文化交流等方面确乎起到过独特的作用，扮演过某种特殊的角色。

买办在代表洋雇主经营进出口贸易活动的同时，自己也获取了可观的财富，其中的许多人在代理中外贸易活动之外进行了一些独立的商业经营活动，如开设钱庄、当铺、绸缎庄等等，他们具有了多重的身份。如徐润、唐廷枢（唐景星）参与发起成立上海茶业公所、汉口茶业公所，并分别担任董事。汉口宝顺洋行的买办盛恒山、王恒山，阜昌洋行买办唐瑞枝都设有茶栈，均是茶叶行会的董事或成员。① 东方汇理银行汉口分行和法商立兴洋行买

---

① 金普森，易继苍《买办与中国近代社会阶层的变迁》，《浙江大学学报（人文社会科学版）》2002年，第5期。

办刘歆生,从 90 年代起,先后投资过煤矿、皮革等工业。就此而论,买办们的商业经营活动不仅推动了近代中外贸易的发展,而且促进了国内商业和金融业的发展。

19 世纪末,汉口租界内外的大小买办约有 800~1000 人,分别在一百多家外国洋行、十几家外国银行服务。刘子敬是其中的佼佼者,先为俄国洋行作买办,继而自立门户,经营多种企业,积累财富达 800 万两白银。在汉口商界名重一时。

刘子敬的父亲刘辅堂,原籍山西,幼时家境贫寒,经人引荐,进山西人经营的票号做帮工。约在 1875 年前后,时年 20 岁的刘辅堂自设蒙馆教书。后进入圣公会创办的武昌仁济医院学习,不久,又考入海关,在办公室任抄写。在海关工作期间,结识了人称"巴公"的俄国茶商巴诺夫,相处甚笃。几年后,巴氏与俄国茶商在俄租界共同创办了砖茶厂,并出任俄国新泰洋行的大班。刘辅堂随去充任该洋行采购茶叶的庄首。后来,在新泰洋行的扶植下,刘辅堂又在蒲圻羊楼洞自开"广昌和"茶庄,深入两湖产茶区收购茶叶。在收购时,以套购、低价等手法获得大量货源,业务发展得很快,深得洋行信任,后回到汉口任新泰洋行管厂。任管厂时,对华工进行严厉的管理,唯洋人马首是瞻,被洋行大班倚为股肱。

新泰洋行规模很大,茶栈装有通风设备,以保持茶叶的储藏与保存。刘辅堂对华商提供的茶叶货源十分苛刻,对洋行的利益倍加维护。1894 年,新泰洋行的买办因薪酬与老板发生分歧,辞职而去,刘辅堂继任买办之职,经营得力,业绩显著,大得洋行的赏识。数年后,俄国阜昌洋行创办,由外号"矮洋人"的梯屠夫充任大班,他来华时即与巴诺夫相识,巴诺夫乃推荐刘辅堂担任阜昌洋行的买办。刘在阜昌时,汉口每年茶叶出口约为 8~9 万担,全为洋行所垄断,其中俄国洋行所占份额最多,约占整个茶叶出口量的 80%,俄商中又以新泰、阜昌、顺丰三家生意最大,约占俄商出口量的 90%,阜昌洋行成立较晚,却后来居上,不久就超凌于所有洋行之上。每年出口的砖茶,以红茶数量最多,大部分远销俄国,部分行销我国蒙古、新疆、西藏等地,以茶换取羊毛和牛羊皮,刘辅堂在买办任上,正是阜昌生意鼎盛之时,刘因此获利丰厚,成为汉上有名的富商。

俄国新泰洋行旧址

刘辅堂在俄国洋行任职近 30 年,共积累资产 200 万两,在汉口商界产生了一定的影响,也奠定了雄厚的家底。1905 年,刘病故。其子刘子敬继承父业,继续在阜昌洋行做买办,成为当时汉口洋场上最年轻的买办。年轻的刘子敬志得意满、意气风发,他坐拥自己的买办间,雇请了各类职员约 60 余名。履职伊始,他以干练的作用除旧布新,优容一班老臣,大胆启用一批新人,经过一番打理,很快就创出了新的局面。

刘子敬扩大货源,以俄国洋行买办的身份,在汉口开设一家名为"协记"的茶行。他长袖善舞,对商场中的各种伎俩更是谙熟于胸,以压价、除秤、扣现等手段收购茶叶,在获得大量货源的同时,也赢得了价格上的优势。刘子敬善于利用父辈的余荫,更能超越前人,大胆拓展。他广泛涉及其他项目,在房地产、蛋品加工、实业等领域进行了大量投资,建立起一个属于自己的实业"王国"。自 1912年起,刘子敬开始在汉口投资房地产经营,他在其父遗留地产的基础上,以更大的气魄收购汉口繁华闹市的大小铺面房屋 100 余间,兴建了辅仁里、辅义里、方正里等成片楼房,并购买了相当数量的地皮。

从 1912 年~1920 年,他先后独资或与人合资,在汉口、河南郑州等地开设了四家蛋品加工厂。随后,更大规模的投资在实业领域展开。1919 年,刘子敬与刘季五等人在武昌的上新河一带创办了震寰纺织股份有限公司,时人称之为"震寰纱厂"。投资总额达 120 万两白银,在当时位居武汉"三大纱厂"之列。刘子敬出任该厂的主任董事。1922 年 5 月,震寰纱厂建成投产。然而,这时已错过民族工业发展的"黄金时期",西方列强在欧战结束后卷土重来,在中国市场上大量倾销纺织品,刚刚投产的震寰纱厂因销路不畅很快就陷于困境。但刘子敬不为所动,依旧雄心勃勃,他又涉足金融,开设钱庄,利用道胜银行的资金放贷给钱庄,从中牟利。1920 年还开设义隆公司,专门经营桐油的出口贸易,同时兼理美国亚美保险公司的保险业务。

刘子敬所涉及的产业和行业不仅门类广泛,而且兼涉华洋两界。他不仅娴于趋时逐利,而且精通人际交往之道,极善利用社会资源以为我所用。他特别注重与洋行洋商保持密切的关系,借以强化自己的"洋化身份"。他主动加入教会,成为一名基督教徒。教会也以能吸纳刘子敬这样的华人头面人物为荣,各教堂竞相邀请他参教会礼拜

当初买办们投资兴建的里弄

活动,他也乐与前往,双方投桃报李,声息相通。刘子敬还善交结权贵,在组建华商赛马会时,特意邀请湖北督军王占元前去参观,以广声威。①

从 19 世纪末年轻的买办,到 20 世纪 20 年代汉口的实业巨头、商界闻人,刘子敬的经历充分展现了半殖民地时代中国资产阶级的社会特征与文化特征,矛

---

① 参见武汉市政协文史委员会《武汉文史资料(租界专辑)1991 年第 4 辑。

盾性与脆弱性是这个阶层的典型特征,这就决定了他们"其兴也勃、其败也忽"的历史命运。1920年,当刘子敬的投资事业达到顶峰的时候,危机也随之而来,他所投资的产业接连受挫,实业方面损失惨重。由于他是依托洋行发展起来的,洋行一旦出现问题,刘氏的实业王国的根基便随之动摇。1917年,俄国发生政权更迭,俄国洋行大多停歇关闭,刘子敬依托道胜银行开办的钱庄首先出现危机,刘氏的实业王国出现"金融危机",加之他投资过大过泛,战线过长,使危机不断加深,再加上时局的动荡,终致全线崩溃,宣告破产。1928年,在生意上遭到一系列的重大挫折之后,刘忧愤而死,年仅44岁。

汉口另一位著名的买办是有着"地皮大王"之称的刘歆生。他做过法国立兴洋行和东方汇理银行的买办,后来自己投资建立了牛皮出口贸易公司——"刘万顺牛皮行",获得厚利,又进行房地产的投资经营,买下了汉口北面大片荒地,这些荒地经填埋平整后价值骤增,刘也因此成为汉口的巨富,名重一时,号为"地皮大王"。有一次他遇到湖北都督黎元洪,不无夸张地说:"都督创造了民国,我创造了汉口。"买办的经济影响之大,于此可见一斑。

对于买办的历史评价,长期以来是贬多而褒少,近年来,随着"现代化理论"在近代史研究中逐渐占据主流地位,人们对中国近代史上的许多问题有了新的看法,有些新的看法不仅是对过去观点的重大的修正,甚至是颠覆性的。对买办的评价就属于这类。许多研究者认为,买办在中国近代社会转型过程发挥了多重要作用,无论在政治与经济、城市与农村、国内与国外,几乎在各个重要领域和地区都有买办的活动。特别是在中国早期经济现代化进程中,买办是一支重要的力量。他们最先投资近代新式企业,参与对传统工商行会进行改造,将现代市场因素渗透到广大农村,以及对封建官员施加的影响等等,都促进了中国社会从传统向现代的转型变革。在瓦解中国传统的经济结构的过程中,买办的作用也是广泛而深刻的。①

还有的研究者指出,近代中国,买办在为外商的代理活动中,在西方商业精神、商务习惯的熏陶下,最先在投资理念、经营理念等方面发生转变。他们的实践活动改变了传统的投资模式,提高了整个社会的投资意识,使有志于兴办实业的人开阔了眼界,增强了信心,为社会各阶层的投资活动做出了一个范例。② 有的研究者指出,买办商人作为新式商业的代表,是中国近代第一批与西方资本主义生产方式相联系的阶层,买办通过他们的进出口贸易活动,对中国近代商业形态的变革产生了积极影响。在促进中国近代资本主义的发展、促进中西文化交流、乃至推动中国近代思想文化的发展等方面均具有明显的作用。③

---

① 金普森,易继苍"买办与中国近代社会阶层的变迁",《浙江大学学报(人文社会科学版)》2002年,第5期。
② 易继苍,史荣华"买办商人、华商附股与近代中国人投资理念的嬗变",《贵州大学学报(社会科学版)》,2007年,第5期。
③ 参见胡俞越"买办新论"载于《中国经济史研究》,1995年,第2期。
廖雪"浅析买办对近代中国社会的影响",载于《财经界》,2007年,第6期。
陶有伦"试论早期买办阶级在中国近代史上的地位",载于《安徽史学》,1995年,第3期。

其实,买办的作用与影响远不止于经济领域,或许他们更重要、更持续的影响是在文化领域。买办通过自己的经纪活动为"华""洋"之间搭起了一座文化之桥。洋货的使用、洋化的生活、西式的做派、西式的打扮、西语的使用、西式的生活方式等等,经过买办的"现身说法"与身体力行渐渐被国人所熟悉、接纳,进而仿效,甚至追慕,最终使西洋的东西、西洋的风格成为现代时髦的代名词,使汉口这样的"通商口岸"形成趋新尚洋之风,买办在其间的转圜沟通之功,确实不可小视。

在华洋交往的过程中,另一个重要的角色就是西方传教士,时人称之为"洋教士"。

乍一看来,西方传教士的角色身份似乎与买办完全不同,一个以"传递福音"自诩,一个唯利是图;一个看似与世俗功利无关,一个则是道道地地的市侩。然而就是这样的两类人,在沟通华洋关系上却有颇多相似之处。他们都奔走于"华""洋"两界之间,对东西方的文化都有一定的了解,并且都是以自己的现身说法来促成"华""洋"两种文化的交流与接纳。唯一不同的是,买办并不是有意识地担当东西方文化沟通交流的角色,而传教士则是一种自觉的文化中介角色。他们从一开始就抱着一个目标,将西方基督教文化传播到中国,传播到中国底层的每一个民众,从而在精神上控制中国人民。在这个过程中,他们逐渐认识到,要想使中国民众接受基督教,自己必须首先了解中国文化,以"中国化"的方式传播西方文化,这样才能真正完成传教的使命。正是在这种情形下,传教这种宗教行为发挥出了远远超过宗教范围的文化沟通作用,或许,这是历史的诡谲,也是文化的奇妙之所在。

西方传教士的活动刚开始曾遇到中国民众的激烈抗拒,围攻洋教士、捣毁教堂的事件史不绝书。这迫使他们调整了策略,由中国人最熟悉的地方入手,从最容易打动中国人的事情入手,看病、施药、办学校、设善堂就是属于这类的事情。果然,在这些工作的影响之下,中国民众对洋教的抗拒情绪就大大地减弱了。

由此说来,西方传教士打开中国人的心灵之门最初靠的不是基督教的《福音书》,而是西医、西药、西式学校,还有他们创办的慈善组织,正是这些拉近了"华""洋"的距离,而"华""洋"之间熟悉、接纳以至交融的文化旅程也就此开始了。

在当时汉口租界的内外,许多传教士正是做着这类事情。

位于英租界内的汉口天主堂

杨格非就是这样一种角色,他不仅是一名传教士,更是一位沟通"华""洋"文化的使者。

杨格非(1832~1912),曾名杨约翰,英国人,1855年由英国基督教对外传教组织伦敦会派来中国。1861年6月21日,他作为第一个进入华中地区的基督教传教士来到汉口,住在沈家庙金庭布店。他学习汉语,每天用生硬的汉语布道,并多次与湖北地方当局交涉,要求予以保护。他在汉口的夹街建造了华中地区第一所教堂——首恩堂。后在武昌也建了一所教堂,他经常往来于武汉三镇之间,被人称为"街头布道家"。1866年,他在汉口居巷创办了第二所西医院——仁济医院。1870年休假返回英国,旋又返回汉口。1876年在汉口创办圣教书会,专门编印布道单张与小册子。1882年扩大仁济医院。1887年在其倡导下创办懿训女子书院。1904年支持传教士计约翰创办英文《楚报》,开创外国传教士在汉口办外文报纸之先河。①

杨格非像

从这份简要的人生履历表中不难看出,杨格非在汉口的活动涉及面相当广泛,传教只是其中的一项,他的许多精力都放在了建医院、办学校、办报纸等文化事业方面,尽管他最终的目标还是传教,但实际效果却远远超出了宗教活动本身。

纪立生、吴德施、孟良佐等人也是这样的角色。

纪立生(1859~1937),英国人。基督教伦敦会传教医生,1882年任汉口仁济医院(今协和医院前身)的外科医生。为武汉地区最早的外科医生。1893年开始主持仁济医院,使其规模不断扩大,1902年,在汉口创办湖北地区最早的训练西医的学校——大同医科学校。1923年任仁济医院院长。1928年仁济医院易名为协和医院,任院长。使该院成为湖北地区规模最大、技术最精良的西医院。

吴德施(1870~1945),中文名鲁兹,美国人。先后毕业于哈佛大学文学院和剑桥大学神学院,1896年由美国圣公会派遣来华。在武汉三镇传教。传教之外,还积极从事慈善、救助、文化传播等工作。居所在英租界圣保罗教堂大院内,他的家常常高朋满座,每当武汉面临战乱、水灾,他都积极活动,做了大量的社会救助工作。抗战初期,他积极开展难民的收容安置工作,在汉口各界享有良好的

1937年周恩来与鲁兹在汉口合影

声誉。鲁兹在英租界的寓所成为中外文化宗教人士经常聚集的地方,"鲁兹故居"因此成了中西文化交流的一个鲜亮的符号。②

---

① 参见武汉地方志编纂委员会编纂《武汉市志·人物志》武汉大学出版社,1999年。
② 参见武汉地方志编纂委员会编纂《武汉市志·人物志》武汉大学出版社,1999年。

特别值得一提的是,在以殖民者为主体的西方人群中,有个别带着善意而来的西方友好人士,他们在"华""洋"的沟通交流中发挥了独特的作用。其中的一些外国友人,为武汉地区的经济、文化的发展做出了积极的贡献。如美国人韦棣华女士,为创办文华书院回国募捐。圣公会所创办的日知会阅览室,为辛亥革命志士提供了阵地。红十字会在辛亥武昌首义时深入汉口战场救死扶伤,等等,都是其中典型的事例。

由于教会组织在医院创办上投入了大量的人力物力,在施医救患、救死扶伤等方面做了不少实在的工作,因而渐渐赢得了华界的信任,最初对洋教的妖魔化看法,诸如"剜目""割肾""吸血"等等,转而变成信任。汉口的市民不再对洋人避之如瘟神了,对洋人洋教士所开设的医院诊所,大家也消除了顾虑,竞相前往。

1868年《教会新报》刊载了一篇《汉口施医院清单》的统计报道,"汉口旧有施医院一所,又两年前英国伦敦会又立施医院两所,又于武昌、汉阳分设施药院二处,都计一年又二月中,医治民人七千零三十七人"。① 文章还报道说,这一年武汉地区遭遇了一场大水灾,贫病灾民不计其数,教会医院的医生"每礼拜来会堂施诊二次,日诊百余人"。② 牧师和医生"朝夕各守厥职,且施且讲,受恩者日盛一日。……医院日日开门就医,就医者每日约四五十之数。而领洗入教者,汉口、汉阳、武昌三处,男妇童赤约四十人。……实一年盛似一年"。③

通过日常生活的接触,汉口市民对教会的认识不断加深,教会信徒也逐年增加。据有关史料显示:1896年基督教在武汉三镇修建的教堂有21座,到1906年增至34座,教徒由2306人增加到5511人。1921年,基督教徒达7610名。天主教的教徒更多,1922年达43914名,1947年竟达101583人。几乎占到当时武汉总人口的十分之一。此外,基督教青年会、基督教女青年会、东正教等宗教团体也拥有相当数量的会员和信徒。④

汉口的外国传教士

---

① 林乐知《中国教会新报》第二册第161页。转自章开沅,张正明,罗福惠《湖北通史·晚清卷》第159页,华中师范大学出版社,1999年。

② 林乐知《中国教会新报》第二册第46页。转自章开沅,张正明,罗福惠《湖北通史·晚清卷》第159页,华中师范大学出版社,1999年。

③ 林乐知《中国教会新报》第二册第46页。转自章开沅,张正明,罗福惠《湖北通史·晚清卷》第159页,华中师范大学出版社,1999年。

④ 武汉地方志编纂委员会《武汉市志·外事志》第18页,武汉大学出版社,1991年。

人们对东西方文化的差异开始采取更为客观理性的态度了。一小部分人能够采取理性的态度对待中西间文化的差异。

在行商的过程中,一些商人逐渐认识到,"如果缺乏外语知识和商业实践,要想在市场上竞争是很困难的"。于是汉口的茶商在1891年向到任不久的湖广总督张之洞提出建议,要求在两湖书院的课程中加强"泰西方言和商务教育"。① 由于这些商人的敦促和经费上的支持,张之洞不仅在两湖书院专门为商人子弟提供40名学额,还创办了湖北第一所以近代商业、西方文化为主要内容的自强学堂,"课程分设方言(外语)、算学、格致、商务四种"。②

在当时的武汉三镇,主动地、全面地学习西学已蔚为一时之风尚。

四、华洋混融:从熟悉到接纳的文化历程

1. 接纳:从洋货到西式生活

汉口市民对洋人的熟悉与接纳是从洋货开始的。

汉口是因商而兴的地方,商贾辐辏,五方杂处,南珍北货,咸聚于此。明清时期汉口已成为中国内地最大的商品集散中心和市场枢纽。

在这样的环境中,汉口人养成了趋新逐异的心理和对新奇事物坦然接纳的态度,对于琳琅满目的洋货,汉口市民经过了短暂的踌躇后,迅即就加以接纳了。特别是到了19世纪末,由于华洋互市的加剧,洋货的数量与种类日益增多,洋货大量进入汉口市民的生活之中,从洋火(火柴)、洋油(煤油)、洋线,到洋布、洋装,洋货无所不在,洋货成为汉口人须臾不可离的生活必需品。

洋货的倾销与对洋货的需求相互促动,使汉口的商业形态开始发生深刻的变化,传统的以经销土货与手工业产品的"京广杂货店""福广杂货店"开始经销洋货,一种专门经销洋货的商业行业——"洋货行"就此诞生了。再往后,它就成了汉口零售商业的重要成员。"京广杂货店"最初只是代

汉口繁华的后城马路上的商家,琳琅满目的洋货成为其一大卖点

销或兼营洋货,后来洋货的销路大开,销量急剧增长,洋货就成了"京广杂货店"的主营商品了,相应地,原来的"京广杂货行""福广杂货店""广货行"也演变成

---

① 朱有瓛《中国近代学制史料》第一辑上册华东师范大学出版社,第312~313页,1983年。

② 曾昭安"武汉的书院和学堂",《武汉文史资料》,1986年,第1辑第62页。

了"洋广杂货行"。那时汉口经营百货的著名字号,诸如"广生裕""大茂和""汪怡记""方义大""黄谦裕""胡益丰"等,其经营的商品中,洋货占到80%强。而传统的手工制品——"国货"所占份额不足20%。①

洋货在国人生活中的广泛使用具有某种文化象征的意义,它预示着汉口民众对西方文化的那扇紧闭的大门已徐徐打开了。这以后,西方的文化,洋人的文化,不论是物质的,还是精神的,就潮水般地涌了进来。

不同的文明在接触之后,既有碰撞,也有交融。随着坚船利炮而来的西方近代文明,以工业化和近代化为根基的西方文明,较之古老、落后的中国封建文化,很快就显示出它的强势。因此,"华""洋"之间的互动一开始就是不平等的,也是不平衡的。它主要表现为中华文化对西方文化被动的、片面的接受,而不是相反。

这一点在汉口这个华洋互市的繁盛之区表现得尤为突出,趋新慕洋成为当时汉口普遍的生活样式与行为取向。汉口开埠以后,风气渐渐发生变化。"汉镇自中外互市以来,习俗益靡。阛阓多仿西式,服饰宴会,多为豪侈。歌馆舞台,茶寮酒肆之间,冶游者车水马龙,昼夜无有止息。"②

在衣、食、住、行、用等方面都发生着明显的变化。

汉口开埠以前,绝大多数人穿土布衣袜;"饭稻羹鱼";住宅均为中式的青砖瓦

上世纪30年代的江汉路,洋房林立,欧风尽吹

房,贫苦人则多住棚屋或吊脚楼;出行:远路乘骡马车,近路官员坐大轿,绅商士女都乘小轿,大部分人则肩挑背扛,徒步而行,完全是一幅农业文明的生活形态。开埠以后,特别是随着租界的辟建,洋人与洋货联翩而来,这一切都发生了改变。

据地方史乘的记载,清末汉口已有部分人穿戴洋布制成的、甚至西洋款式的服饰,吃进口食品,洋酒、西菜、蛋品、冰块、洋面粉,乃至西药都成为人们生活中习以为常的东西。

日常生活用品方面变化最大,煤油灯取代植物油灯,外国化妆品取代胭脂花粉,洋针、洋线、洋伞、洋肥皂等取代土针、土线、土伞、土肥皂等;火柴、钟表、玩具、牙膏牙刷之类的东西广泛进入汉口市民的生活之中。1886年,汉口"几乎没

---

① 参见周德钧等"近代武汉商业革命述论",《江汉大学学报》2008年第2期
② 吕调元《湖北通志》第21卷,上海古籍,1990年。

有人再使用土针了。英国针、美国针一齐出现在市场。"①

买办富商之家更讲究"西式"的生活,男人身着西装革履,留着分头,说着"洋泾浜英语",民国初,汉口市民对西洋发型趋之若鹜。当时稍有身份的男士都留着西洋发式,《汉口竹枝词》中这样说:

翩翩捷捷少年郎,
不着长衫着短装,
胡蓄威廉头拿破。
文明模样仿西洋。②

他们仿效德皇威廉二世,蓄起两端翘起的胡须(宋教仁就蓄着这样的胡须),发型则是"拿破仑"式或"华盛顿"式的"中分"或"偏分";再配以西装革履,一幅现代绅士的派头就活灵活现了。富贵之家在闲暇时往往出入酒吧西餐厅,普通市民也以品尝法式大餐、俄国糕点为时尚。当时汉口著名的西餐厅,诸如"邦可""滋美""普天春""普海春""一江春"等,常常是门庭若市,人流如织。每到周末,汉口不少人家"奉天主耶稣教,每值星期,亦赶会堂做礼拜,人不以为异也"。③周末到教堂做礼拜,俨然成为汉口生活一小景。

教会和外国人士用中文办的报纸受到欢迎。《开风报》《新民报》发行量达3000份,大部分为中国读者。公共舆论、大众传媒等现代社会的标志性元素开始进入汉口市民的生活之中。④

在时令节气方面,一定程度上也接受了西方的一些习惯。汉口商人在与外商打交道时,也会用公历(即西历,俗称阳历)。教会和学校的活动,则用"礼拜"安排。

保留至今的以经营俄罗斯风味糕点著称的"邦可"西餐厅

汉口市民们的男女观念也在一定程度上发生了改变。人们开始挣脱"名教"的束缚,抛却"女子无才便是德"的陈词滥调,倡导女子走出家庭,走向社会,在教育、工作等方面争取应有的权利。在汉口,教会首开女子学校的先例,继而私立的、官办的女学也相继兴办。汉口女子在社交中十分活跃,大家闺阁,言谈胜于

---

① 姚贤镐《中国近代对外贸易史资料》第3页,中华书局,1957年。
② 徐明庭整理《武汉竹枝词》,湖北人民出版社,1996年。
③ 杨振华点校《夏口县志》第7册,武汉地方志办公室,第3页,1982年。
④ 皮明庥,邹进文《武汉通史·晚清卷》第166页,武汉出版社,2006年。

男子。富商家女子多善应酬，有"老爷不见面，奶奶不认生"之说。① 妇女们常相邀结伴出游，进香、赛会、看龙船、游后湖、看戏、赏花，各项社会活动都有她们的身影。"地方稍有盛举，逐队成群，出头露面，谈笑无忌，饮啖自如。"②

追求欧美时尚的汉口青年在举行集体婚礼

在接纳西方文化、特别是西式生活方式上，买办无疑充当了急先锋。他们在生活做派上趋新尚洋，在社会交往、社团活动等方面也步洋商的后尘，譬如"华商总会"的组建就是直接效仿"西商总会"。

"华商总会"的组建既是文化学习的结果，也是文化冲突的产物。

因为组建"华商总会"的动议就是有感于租界里对"华"歧视的现状。"华商总会"刚组建时设在英租界，除了便于展开活动的考虑，也有与"西商总会"分庭抗礼的意味。

英租界划定不久，就在其界内修建了"夜总会"，又称"汉口波罗馆"，供各国商人在此休闲娱乐。内设酒吧间、大餐房、弹子房、阅报室、理发室、歌舞厅、浴

汉口华商总会旧址

室等等。在德、俄等国租界里，也有"波罗馆"，日本租界则叫做"日本俱乐部"。"汉口波罗馆"系英商创办，它有一项歧视性的规定，即：外国商民均可参与"汉口波罗馆"的活动，唯独华人不得进入。最初，华商并不以为意，随着他们经济实力的增强，其文化自尊意识也日益强烈，对"汉口波罗馆"歧视华商的规定颇为不满，以为奇耻大辱，决心自己组织俱乐部，以表明自己的文化立场。他们选取英租界为会址，刻意以"华商"二字相标榜，即是出于这种考虑。

---

① 徐焕斗《汉口小志·风俗志》。
② 徐焕斗《汉口小志·风俗志》。

"华商总会"的发起人基本上是各大洋行的买办,核心人物是德国美最时洋行的买办王伯年、瑞记洋行的买办欧阳会昌、立兴洋行的买办刘歆生,后来又有安利英洋行的买办蒋佩霖,阜通钱庄的经理周星棠等人加入,其他一些在汉口知名的巨贾大商随后也参与进来。

"华商总会"成立不久,就发生了一场"华""洋"纠纷。某次,几位华商中的头面人物正在总会赌博娱乐,不料英租界巡捕房的一名捕头率领一干巡捕闯了进来,搜走了赌具与筹码,众人大受刺激,于是相约采取行动进行抗议,他们第二天都不到洋行上班,各洋行的大班察觉此中的问题,乃出面向巡捕房说项,将其原物退还,并暗示以后决不干涉"华商总会"的任何活动。使华商的上层人物挽回了一些颜面。①

华商总会的发起者之一周星棠

"华商总会"的创建虽是"华""洋"对立的产物,但从另一个方面看,又是"华""洋"交融的结果。可以这样说,"华商总会"就是一个"克隆"了的"汉口波罗馆"。从馆舍建筑到活动内容一切皆仿西商的"波罗馆",它设有会议堂、大小会客室、阅览室、理发室、更衣室、浴室,内部的

汉口华商赛马会全体同仁合影

一切设备都是当时最时尚前卫的。"华商总会"除了举行一些娱乐聚会,还筹议一些有关华商发展与利益维护的重大问题,例如建设汉口"模范区"的动议即是买办巨商们在"华商总会"饮宴酬酢之际议定的。有趣的是,他们还"克隆"了西商跑马场,组建了"华商跑马场"。事情的缘起也与"华""洋"间的文化冲突有关。

那是1908年,盛况空前的年度赛马又开始了,地点在西商跑马场。(今解放公园)里面设立的观众席有"华""洋"的区别,其中的一座高级看台,专门招待洋人,当时有一位名叫张永璋的华商,在良济洋行做买办,自以为与洋人关系很深,也欲登上这看台观览,不料行至台口,就被守在台口的红头洋人(印度巡捕)拦下,还被踢了一脚,乃怏怏而返。当夜,张永璋就前往"华商总会",向众人将白天

---

① 皮明庥、吴勇主编《汉口五百年》第94~96页,武汉出版社,1998年。

的遭遇讲述了一番,众皆大愤,认为应该起而捍卫自己的经济利益与文化尊严,大家誓约今后抵制西商赛马会,提议由国人自己创办一个与西商竞争的赛马组织,定名为"华商赛马会"。当时"地皮大王"刘歆生也在座,刘首先表态将自己位于桥口上面的一块地皮投资作为马场之用,其余的人纷纷承诺,按自己能力认股投资,位于今天万淞园路附近的华商跑马场就此建立起来了。①

2. 华洋空间的连通

随着"华洋互市"规模的不断扩大,洋货全面进入市民的日常生活,使"华""洋"的界线逐渐变得模糊起来,租界与华界截然分隔的空间格局逐渐被打破了。到民国初期,早年那种以栅栏、铁丝网、围墙将租界与华界分隔开来的景象虽未完全消失,但"华""洋"两界在空间上已呈现出犬牙交错的状态,有些地方已经连通起来了。

这种状况的出现首先是租界当局的扩界行为使然。

汉口的五国租界在初步划定地域范围后,先后都进行了扩界,在经过数次扩界后,华界与租界在空间上犬牙交错。

1898年,英租界当局与湖北地方政府签订了《汉口新增租地条款》,其中规定:"英租界后至城垣留出官地五丈

英租界与华界接壤的汉口保成路

止,南至一马路向城垣直线起,北至俄租界止,所有四址以内全行租与英国政府归入租界。"②这次扩界的面积达337多亩。1901年,英国工部局总办米勒与汉口地皮大王刘歆生私下协议,将刘在英租界北面的一片洼地买下,用煤渣填平后修筑了扬子街、歆生路两条马路。这样一来,英租界地界发展到西靠城垣(今中山大道)、南至太平街(今江汉路江边至鄱阳湖街段)一带,与汉口的后城马路连接起来了。英商怡和洋行还越界修筑了渣甸路(今解放公园路)及怡和村,成为租界外的一块飞地。经两次扩界,英租界与华界的后城马路及汉口老城厢的一些商业街市连在了一起。

1898年5月,德国驻汉领事数次向汉黄德道兼江汉关监督瞿廷韶交涉,要求将通济门外原留出的空地及后段的一块空地一并租让给德国,德国则将租界北面江边三块地皮退还给中国,瞿廷韶答应了德国人的扩界要求,随即与德国驻汉

---

① 皮明庥、吴勇主编《汉口五百年》第94~96页,武汉出版社,1999年。
② 王铁崖《中外旧章约汇编》第一册,第145页,三联书店,1957年。

领事修订了原汉口租界条款。如此一来,汉口德租界范围扩展到南起今一元路,北至今六合路下,东抵江边,西抵今中山大道一带,西南大片土地与汉口华界交错在一起了。

法国对汉口租界的猎取与经营一开始便与京汉铁路挂钩,大智门车站的修筑与粤汉码头的修建都是法国人期待的结果,他们一直图谋将租界扩至铁路沿线一带。1902年,滠口到广水(京汉线一段)的铁路开通,法租界背后的大智门车站也在建设中,法国

"华""洋"交错的德租界华景街

人便力图将汉口火车站与租界连接起来。就在这一年,法国以英国拓界为由要求援例扩大租界,清政府被迫屈从。湖北地方当局与法国驻汉领事玛玺理签署《汉口展拓法租界条约》,把法租界向西推广到城堡以外距京汉铁路仅60丈的地方,新扩展的地域包括了汉口老城垣内外约19丈的官地,在新扩展的这一片地方,法国人修建了长清里、德兴里、庆平里、三德里、海寿里、复兴街、如寿里,华洋各界人士杂居于此,法租界由此成为与汉口华界联系最为紧密的地区。法租界总面积也增加到492亩。①

随着京汉铁路的全线通车,汉口城垣西北一带原来荒僻的地方变成了紧俏之地,日本人对靠近其租界的铁路两侧地段垂涎已久,现在将这片土地划入租界以内的愿望更加强烈。当时日本驻汉的总领事水野幸吉正极力鼓吹汉口的战略价值,扩建日租界遂成为他的一项重要目标。水野

"华""洋"杂处的三德里、如寿里一带

幸吉从1906年起就不断向清政府地方官提出交涉,要求将汉口大智门车站外毗

---

① 武汉市政协文史委员会编纂《武汉文史资料(租界专辑)》1991年第4辑。

汉口的租界

连铁路的靠近德日租界的千余亩土地租给日本,作为日本的新租界。负责与日方交涉的汉黄德道兼江汉关监督不敢做主,上报给湖广总督张之洞定夺。张之洞认为这块土地面积过大,又靠近大智门车站和铁路沿线,事关国家战略安全大局,坚决不同意租与日本。水野幸吉转而要求向丹水

"华""洋"混杂的友益街

池以下扩界。1907年2月7日,水野幸吉与江汉关监督桑宝签订《推广汉口租界条款》,将日租界沿江下移150丈,新增面积376.25亩,推广后的日租界,东抵长江,西靠铁路,南在今六合路一带与德租界相邻,北至今六家麒路以北、麻阳街以南,总面积达622.75亩,① 仅次于汉口英租界,居汉口各租界第二位。

几经扩展的汉口租界改变了原来孤悬城外的状态,开始与华界交错在一起了,"华""洋"杂居的局面也随之形成。

3. 汉口租界中的"华洋杂居"

租界与华界在空间上逐渐连接起来,租界中的人口也逐步呈现出"华洋相杂"的局面。随着租界内华人数量的持续增加,使租界内的人口结构发生了实质性的变化,租界已从原来清一色的洋人演变为"华洋参半",进而演变为华人在数量占优势的局面。这种"华洋杂处"的局面既是中外文化交流的结果,又进一步促进了中外文化的交流与融合。

租界在最初是作为外国人的居留地而辟建的,列强在与湖北地方签订租地条款时都不约而同地规定,中国人不准在界内居留,更不能在界内购置房地产。那时的租界几乎是清一色的洋人,不管是英国人、法国人、德国人、俄国人、美国人、丹麦人,还是印度人、安南(越南)人,总之是外国人,以及来自他们殖民地的仆从。工作生活在租界里的中国人,除了买办、教徒、仆佣,为数实在是有限。

这种以外籍侨民为主体的人口结构只维持了很短的一段时间,随着租界的连片建成、租界作为一个城市社区的逐步形成、特别随着汉口地区进出口贸易的迅猛发展,以及"华洋互市"规模的不断扩大,租界已经突破了仅仅作为外国人居留地的藩篱,而朝着综合型城市社区的方向发展,这样一来,单一的、以侨民为主体的人口结构显然已经满足不了租界发展的需求,扩大租界的人口规模、改变租界的人口结构就是情之所在、势之所然了。

---

① 参见王铁崖《中外旧约章汇编》第一册,第145页,三联书店,1957年。

其实,早在租界当局严格限制中国人居留租界之时,即有"挂旗"的变通之法,现在面对租界快速发展的内在需求,面对着增加税收的利益驱动,租界当局就顺势放宽了对中国人入住的限制。道理很简单,没有大量的中国人的参与,不论是买办行商、达官显贵,还是普通劳动力,租界的发展是无从谈起的。这是租界辟建以后所表现出来的事实。于是通过"挂旗"乃至其他方式定居、移居于租界的华人就越来越多了。民国初年,华人已占到租界总人口的90%以上,他们中有买办、有汉口的中上层绅商,而更多的则是普通的工商业主。

租界里"华洋杂处"的人口结构对租界的社会生活与文化面貌带来了显著的变化,租界成了一个杂糅着中西文化的"混合社会",中文与西语并行不悖,中西餐馆并街而立,中西合璧的街道里弄随处可见,中国民间的会社组织——洪门、丐帮与基督教青年会等西方社团在这里各自展开着活动……

在租界这个华洋混杂的社会中,文化,不论是人们的生活还是行为,都很少以纯粹的面貌出现,而是呈现出一种驳杂的景象。

4. 租界的示范效应

"华""洋"的混融除了表现为空间上的连通与人口的混杂,更重要的还表现在两种文化的相互渗透上,这里既有租界作为西方文化的"样本"对华界的示范作用,也有华界对租界的形塑与改易。于是乎,便有了汉口华界的"洋化"与租界的"本土化"这种双向的文化混融过程,当然,前者即租界对华界的示范作用,表现得更加显著、更为充分。

在租界的示范作用下,汉口的华界日益"洋化",突出表现为,汉口老城区的房屋建筑和市政设施竞相以"西式"为标榜,建起了一大批仿欧式的洋房;市政规划、市政设施纷纷向租界看齐,趋新慕洋,凡事唯租界马首是瞻。

19世纪90年代,张之洞在武汉的"洋务新政"声势浩大地展开,当时,张之洞主持兴建的一大批近代工厂,都是仿西洋的建筑式样,如1890年开始创办的汉阳铁厂,共有10个分厂,这些厂房车间的柱、梁、衍架都是采用钢铁做主材,并用瓦楞铁皮做屋面。汉阳铁厂

具有明显欧式建筑特点的汉口申新纱厂大门

成为中国当时第一批采用钢铁结构的工厂,厂房也是首次使用水泥、混凝土的建筑物。张之洞随后在武昌创办的"四局两厂",其厂房车间全都是采用砖木结构,使用水泥、钢筋、混凝土等现代材料修筑的。当时汉口、武昌的一批城市公用设

施的建筑物,也都一律仿照西洋样式。如汉口"各团联合会"会址,是一幢典型的西式三层的楼房,汉口邮政总局大楼,也是"洋楼数层,规模宏敞"。1903年建于武昌的"湖北幼稚园","其一切设施均仿照日本"。1905年开始建造的"湖北省模范监狱",更是以日本东京及巢鸭两地的监狱为样板。就连当时的许多民营工厂企业,其厂房也是全面借鉴西式建筑风格。最著名的莫过于汉镇商人集资兴建的"既济水电公司",该公司下设的厂房和水塔,均由英国工程师穆尔式设计,采用西式风格。

此风之下,汉口的民宅和里弄的建设也趋新慕洋。

紧邻法租界的如寿里、友益街、车站街、长寿里、三德里等处,都是中西合璧的"石库门"式的建筑群。1908年建于武昌的湖北咨议局大楼,即著名的"红楼",可以说是晚清时代武汉仿洋建筑的杰作。该楼砖木结构,红砖红瓦上下两层,平面呈"山"字形。从风格上看,它借鉴了西方行政大厦、会堂、钟楼的建筑样式,既古朴典雅,又美观大气。

随着武汉三镇洋式或半洋式建筑的逐渐增多,仿洋建筑成为时尚。就连当时给死人祭祀的"冥屋"也改为纸扎的洋楼。对此,《海关报告》曾这样评论道:"老城厢和租界一样,新式西洋建筑使老建筑黯然失色。"即使在"官府治所武昌城变化

汉口既济水电公司修建的水塔,这是1908年建成后的情景

武昌红楼至今仍是武汉城市建筑的一个经典之作

也很大……城内有不少外国建筑和工厂,其中以官方、半官方机构居多"。①

---

① 《海关十年报告》香港天马图书出版有限公司,1993年。

更大规模的仿洋建筑群是在民国初中期"汉口重建"的过程中出现的,那是一次大规模的房地产开发和城区建设,在整个建设活动中,趋新慕洋之风更甚。所有新建成的房屋,一改过去的木结构而开始向砖石结构与钢筋混凝土结构演变。

在此之前,武汉地区的建筑,大抵可分为以下几种类型:欧式的租界建筑;由中式的门庭、围墙和檐廊所构成的官署衙门;仕宦之家的府邸;由各式各样的阁殿式建筑组成的寺庙、会馆以及风景名胜建筑。此外,就是由木结构或砖木结构的平房及二层楼房组成的商铺、民宅,这部分建筑构成汉口老城厢的主体。

中山大道两侧具有浓郁欧式风情的建筑,"民众乐园"是其标志性建筑

汉口民生路在建筑风格、市政设施等方面完全可与租界相媲美

汉口关帝庙,又称"山陕会馆",是一座典型中式殿阁建筑群

汉口的租界

租界辟建以前,汉口老城厢最讲究的建筑是官署、府第、会馆和庙宇。官署一般有高大的围墙,广阔的门庭。其内的建筑多为平房,高大宽敞,屋宇飞檐画栋,廊柱巍峨。公堂居中,前后左右附以厢房、回廊、居室。这是汉口传统建筑的一个场景。

另一类颇具特色的建筑则是散布在老城厢、尤其是汉正街中的会馆公所。如新安书院、山陕会馆、西关帝庙、雷祖庙等等,都具有高大的围墙、富丽堂皇的殿宇、飞檐翘壁的屋面,构成一幅具有浓郁中国特色的建筑风情画。

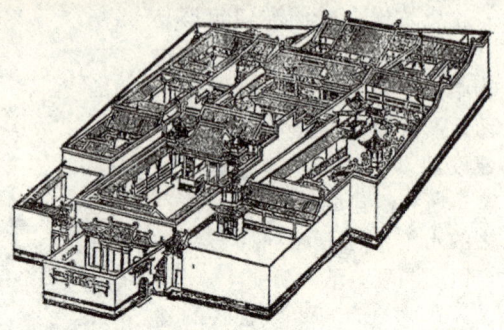

西关帝庙的院落、楼宇全景图

一般的民宅则分布在街市的背后和两侧,既有巨贾大商的宅第,也有殷实之家的二层青砖瓦房。沿河街、正街、堤街的商号铺面以砖木结构的青砖瓦房为主,朝街的门面既有全开敞式,也有外窄内敞式。门庭之内为店堂,柜台设于店堂两侧,一二楼之间有粗大横梁,梁上雕以龙凤呈祥图案,饰以朱漆,显出几分富贵吉祥的气氛。

20世纪初汉口的民居

除此之外,在汉水的岸边,后湖的附近还有鳞次栉比的吊脚楼,这是汉口传统民居建筑的一大景观。吊脚楼临水而建,竹木结构,多为棚寮竹楼。它们高低错落,杂乱分布,形成"瓦屋竹楼千万户"的独特景象。

早年汉口最具特色的民居——汉水边的吊脚楼

自从租界这一"样板"出现以后,汉口老城区的建筑风貌开始发生了显著的变化。

汉口的五国租界的街道规划建设多以本国城市建设为参考,集中展示了西方近代城市建设的文明成果,如宽敞的马路,街道两旁树木成行,雅致的街景,完善的地下排水系统,先进的市政设施,以及严格的交通管理与市容管理等等,这一切,都为华界树立了一个值得学习的样板。过去,汉口老城区,街道狭窄、建筑稠密、水电设施奇缺，不仅人车往来不便，遇有突发情况，往往不敷应对，从而酿成灾祸。

通过向租界的学习与借鉴，汉口道路街区的规划建设多有改良。1906年，张之洞饬令夏口厅、汉阳县出示通告，要求拓宽原来的街道，规定新建房屋一律自原线向后退三尺，以便遇有火警能够及时施救。同时，地方当局还在"城市的街道上维持治安，并做出一定努力来改进排水管道和维持环境卫生"。①

20世纪20年代汉口"模范区"的建设堪称向租界学习的经典之举。

"模范区"的提出系沿引孙中山将武汉建成"模范之市"的构想，还有与租界相媲美的用意。它西起江汉路、东至大智路、北抵京汉铁路、南及中山大道（相当于今武汉市江岸区大智街的范围）。从1913年开始筹建，经过十年的建设，一个道路纵横交错、里弄整齐有序、房屋

当年的汉口"模范区"风采依旧

建筑典雅别致的新城区出现在汉口的东北一角。"模范区"共建成新式房屋2000余栋，区内所有的房屋都按较高的规格设计建设，里弄住宅按"石库门"样式成排兴建，每幢房子都开有一扇石砌的大门，入门后设有小庭院，内有堂房和居室，窗户较大，楼上有平台、阳台，所有建筑中西合璧，典雅大气。临街铺面开阔，均为开放式店面。②

在这个区域里，买办富商们投资兴建了大批的里弄，一幢幢新建的房屋如雨后春笋般涌现出来，一排排中西合璧的新型里弄鳞次栉比，沪商蒋广昌和胡庆余堂合资修建了义成总里，地方官僚袁海观修建了长怡里、长乐里、长康里、长寿里。绅商桑铁珊修建了保和里、保安里、保成里。在德租界边缘的空地上，一些买办商人也修建了不少里弄，蒋沛霖的德润里；周德丰的丰寿里；周绣山的云绣里；刘子敬的辅堂里、辅仁里、辅义里；杨坤山的坤元里、坤厚

汉口"模范区"的典型样式

---

① 《海关十年报告》香港天马图书出版有限公司，1993年。
② 参见皮明庥、吴勇主编《汉口五百年》第112页，武汉出版社，1999年。

里、坤仁里、宝庆里、宝善里；王柏年的昌年里；元坤山的潞安里、昭凤里；韩永清的永贵里，等等。"模范区"内还仿租界体制设有警察署，专司治安，所有的道路都铺设有较先进的排水设备。

总的说来，"模范区"在建筑风格、街道建设、市政设施等方面以租界为楷模，建成了一个不仅与租界形似、而且神似的新型街区。"模范区"的成功又对汉口老城区的改造与开发产生了示范作用，从而使租界的"示范效应"得以进一步放大。

在1918年以前，汉口大智路、车站路之间的友益街还是一片水塘，此时，著名的中药店"叶开泰"在此平整水塘，兴建了三层大楼（今武汉市文化局）。一些地方军政要员也在附近修建了公馆和里弄，例如，寇英杰在这里建了一座公馆，何佩熔修建了尚德里、福德里、汉成里。汉口联保公司修建了联保里和国货商场（今中心百货大楼），大片房屋的兴建使这一带由偏僻的水塘变成了繁华的城区。

汉口江汉路、六渡桥一带此前也不算繁华，1907年建成的水塔高耸在后城马路旁，显得那样的形单影只，直到民国初年，这里还是"六渡桥叫百人坑，水塔外叫鬼摸头"的景象，十年之后，在"模范区"的带动下，一大批新式里弄在这里成片建成，地方官绅在这里投资修建了八元里、鸿春里、肇元里；菲律宾华侨修建了贯忠里、仁寿里；富源公司修建了富源里、衡荣里、厚生里、德义里、多闻里；巨商贺衡夫修建了怡和里和怡庐。汉口的一些现代标志性建筑如南洋大楼、民众乐园、汉口大旅馆、武汉市工商联大厦也相继在这一时期落成。至此，六渡桥已取代了汉正街、黄陂街，成为汉口新的闹市中心。

租界的"示范效应"是多方面的，除了物质形态的东西，还有精神形态的东西。

租界在向"传统汉口"展现近代西方城市文明的同时，还展现了现代西方的商业文明，包括现代商业理念、商业组织、营销方式等，在租界的示范作用下，汉口的商业在清末民初之际发生了一系列结构性变革。从商品结构、营销理念、营销方式，到商业组织、市场结构等等均发生了变化，经由这一变革，汉口的商业活动从传统的、农业经济形态转变成现代的商业形态。

时尚的橱窗、巨大的霓虹灯、箱灯广告构成汉口商业街的一大景象

譬如在商业活动的体制上，通过租界这个窗口，学习、借鉴、引入欧美现代商业营销模式与组织体制，使汉口传统的商业体制发生了一系列深刻的变化。此前，汉口的商业尽管很发达，但它基本是一种传统社会体制下的商业，商家大多是自产自销、工商兼营，或者是坊店合一，商业活动的专业化程度不高，商业流通环节缺乏严格的市场规范。家族制、学徒制等管理方式的盛行。而到了19世纪

末20世纪初,在租界洋行的示范下,这种情形开始发生了明显的变化。汉口的商家纷纷采取西方现代商业经销方式,由商家(行、店、铺、栈等)直接向产地或洋行进货,商家采用经销、代销、包销等方式,在交易中广泛使用抛盘订购、拍卖、分销、联营、跑街推销等方式。在商业活动中细化市场,明确批发与零售的分工,广泛运用现代商业的信用制度。①

在商业体制上率先发生变革的是汉口的匹头号,即布匹的批发商。它们往往直接从洋行或上海订货,通过批发、分销等形式完成商品的流通。洋行或上海的供货商以定期拍卖的形式"叫市开行",先由各洋行印成小册子,由上海经手人寄往汉口,最新出的货色,还附有样本送阅。日货匹头则由汉口的日本洋行开出行盘,由匹头号前往看货议价购取,付款期或长或短,随时议定。匹头号所进之货入仓,登入总账后,另记入商店的板牌上,称为本号存货一览表,以便购货者进出查看。每日正午,武汉三镇的中小布店和各色买家均到匹头号赶场,看货议价,下午则由匹头号走访布店,联络生意。交易确定后,匹头号经手人书写便条交账房,账房登记送货,由大司务送货上门。售货付款方式灵活多样,多为赊账,付账期长短不一。武汉市匹头业大号谦祥益西号曾于1928年赴日本设庄进货,与日本厂商东棉、日信、伊滕、吉田直接订购,品种包括洋布、花哔叽、花直贡、花绒布、羽绸等,订购的货物上都印有谦祥益的标记,日厂不得另销。年采购约5万匹左右,形成大批量经营的态势。②

经营进口毛纺织品的呢绒号"鸿彰永"等著名字号非常注意欧美流行时尚的变化,进货时讲究花色的新颖时髦,对销售市场进行目标细化,将本市的洋行买办、公司行栈职员、富户公馆,以至乐户妓女确定为经销对象,有针对性地展开市场营销活动。经销方式灵活多样,对于老主顾,打折、立户头、分期付款、派送礼券,等等,形式多样。还有季节性的大减价、大放盘,主动利用广告宣传手段,大肆促销。

汉口的西药号也是现代商业经营方式的率先实践者。它们通过学习引进外商经营的"大药房"的一些方法,打破了传统中药店、参药号的陈旧格局,在经营品种、经营方式上变得灵活多样。有的与外商建立起较密切的业务关系,经销外国名厂名牌药品,店内还设有配方调剂业务,聘请名医在药房内开辟专室挂牌应诊,配方按药价,

在霓虹闪烁的歆生路上,"鸿彰永"的招牌也是其中靓丽的一员

---

① 参见周德钧等"近代武汉'商业革命'述论"《江汉大学学报》2008年第2期。
② 武汉市政协文史委员会编纂《武汉工商经济史料》第一辑,1982年(内部发行)。

赠给医生20%~30%的佣金。当时汉口的"中央大药房""中英西药店"均采取这种营销方式。西药房的经营以灵活准确的市场行情和快捷精明的进货手段加快流转，攫取厚利。西药房还延长了营业时间，方便顾客购买，不少药房设有函购药品、缺货登记、接单送货、代办运输、分装拆零等经营项目，以加强竞争力。

餐饮服务业在经营上的变革主要表现在经营规模的扩大、花色品种的丰富，以及饮食风格的西化洋化等方面。据《夏口县志》载，民国初年，武汉地区饮食服务业已具备"各色风味，南北筵席"。有鄂、粤、川、湘、苏、浙、闽、京和清真、素菜、西菜等十三个帮口。西菜馆的发展尤为显著，武汉的西菜馆，时称"番菜馆"，有大中小三种类型。据《汉口小志》记载，1913年建成的汉口大旅馆内设"瑞海"西餐厅，首开风气，对外经营西餐。此后，"一江春""海天春""万回春""普海春""美的""邦可"等大型西餐厅陆续开业，它们大多由中国人经营，厨师多为洋行帮厨出身，服务人员也是中国人，餐馆的设备、餐具均按欧式风格设计，服务方式灵活多样，主要供应公司菜（份菜和套菜），也供应点菜。西餐馆多做下午和夜间生意，有的送货上门，如"福寿林"西餐馆每星期六将下周菜单分寄给常客，方便食客点菜品尝，体现了现代全新的经营理念。①

汉口租界里的洋行、商店装饰豪华、注重广告宣传，这对老城区的商铺行栈产生了较大影响。它们纷起效仿，欧式的装潢风格成为商家追逐的时尚。例如汉口著名的绸布店"鸿彰永""维新""大成"等商店都有宽敞气派的店堂，豪华的柜台，现代新颖的橱窗设计，醒目耀眼的宣传标识。有些商店还设有茶水座椅、更衣室，以备客人选料试穿之用。大旅店则追求豪华宏敞，20世纪20年代出版的《汉口指南》介绍"汉口大旅馆之楼外楼，共四层，楼上屋顶设置庭园山石，俨如平地。新市场计七层，百货咸集，诸观齐归，蔚为大观。且上下均用电梯，颇称便利，人为胜境，真如天造地设"。

现代广告宣传开始成为商家们经常使用的促销手段，汉口著名的华胜军装总公司以"本公司专向各国各厂定购呢绒绸缎洋货，维新花色"为宣传辞；中法大纶绸缎店标榜"本号开设以来，专办国产丝织诸品"，并经营"文明礼服，中西式裙"；显真楼照相馆则宣传本店自创建以来，"三十年，历来应用欧美新法"。宣称该馆馆主"亲赴日本，历访专师，参观名场，实地考察最新的照法，并购东西文书籍，随时参考"。②借以扩大影响，广揽生意。

与经营方式的变革相呼应的是商业组织体制的变革。

广告林立的汉口商业街

① 参见：周德钧等"近代武汉商业革命述论"《江汉大学学报》2008年第2期。
② 《汉口指南》第276页，武汉书业公会，1920年。

传统的金号、绸缎号、匹头号、洋广杂货号等参照洋行的组织形式与管理模式来改造原有的企业组织,将传统的"家族制""父子班""夫妻店"逐步改造为股份有限公司、股份无限公司、两合公司、股份两合公司。到20世纪30年代,汉口实行现代股份制体制的工商业企业达457家,其中商业公司占60%以上,约有300多家,还有一些未冠以股份制之名,实际上实行着股份制。

传统的家长制管理模式、伙计制管理模式被董事会、监事会、经理制所取代。当时汉口的匹头号多实行股东监督下的经理负责制,经理全面负责商店业务,经理下设出货部、进货部、总账房三个职能部门,分别负责本街经手、客帮经手、出进货物、洋行订货、下行提货、登记出进货值、管理经营开支等事务。① 1927年,武汉开始实行新的会计制度和复式记账方法,次年,湖北省财政厅长张难先进一步在全省范围推行现代会计制度,并招考了一批会计专员,这些新的措施带动了商业会计制度的建立,传统的流水账被许多商家弃用,代之而起的是现代的二联式营业簿。②

租界的示范效应是如此广泛、如此显著,在它的影响之下,汉口,这个传统的商业重镇渐渐显出了现代都市的气象。当时许多来到汉口的外国人,对这座深居内陆却颇为"西化"的城市留下了深刻印象,《海关十年报告》里保留了外国税务官员和游历者对这座城市的观感:

"犹如一颗变革的星火飘临武汉,大有燎原之势。1900年租界内一辆马车,几辆人力车就算得上新鲜事了,现在租界区内人力车发展到1000辆,汽车7辆,武汉三镇到处可听到人力车的吆喝,马车在武昌比比皆是。武汉这个大都会,随着劳动力需求的增加以及吸引力之增长,吸引着越来越多的人离开家园。"

"每个租界都有自己的邮局,主要用于保持与国内的邮政往来。伦敦经西伯利亚的信函14天内可以抵达本埠,……电话线路上已经装备了现代化的传送设备……在我这份报告刊行的时候,可能成为中国最主要的电信中心之一。"

"汉口不仅是华中土产贸易的聚散点,而且还是一个重要的工业中心。"③
……

在外国游历者的眼里,汉口是中国内地最"洋气"的一座城市,租界以及与租界毗连的商业区洋房林立,各种现代时尚的生活在这里流行,德国著名女记者王安娜在她的游记中这样写道:

"汉口被列强视为重要的商业中心而加以建设,现代化的大厦与银行,巨大的仓库,那些美丽的花园别墅和高级旅馆,都是汉口有代表性的建筑物。不管什么时候看上去,汉口给人的印象与其说是中国城市,不如说是国际性都会。"④

美国记者詹姆斯·贝特兰对汉口"印象很良好",在他的眼里,"汉口像上海及天津一样——三个最受国外影响的城市——比较有一种现代化的景象。沿着

---

① 武汉市地方志编纂委员会《武汉市志·商业志》第300页,武汉大学出版社,1989年。
② 参见周德钧等"近代武汉商业革命述论"《江汉大学学报》2008年第2期。
③ 《海关十年报告》(之三),香港天马图书有限公司出版,1993年。
④ 王安娜《中国——我的第二故乡》,第200页,三联书店,1985年。

港口,当海潮增涨的时候,列强巡洋舰停泊着,而多种西方建筑的银行、写字间、仓库、别墅及领事馆等,无异是代表着最近一个世纪以来西方企业的纪念碑……"①

近代汉口之所以给人留下"现代"与"开放"的印象,乃是多种因素所造成,诸如"四大名镇"的历史底蕴,开埠通商所引发的全面社会变革,张之洞洋务新政所夯实的工业基础,租界的示范效应,等等。正是上述因素的交互作用,共同造就了一个现代的汉口、开放的汉口。

---

① 詹姆斯·贝特兰《华北前线》第291页,新华出版社,1986年。

第六章 汉口租界的收回与改制

一、顺势而为：德、俄租界的收回

近代中国半殖民地社会性质以遍布各口岸的外国租界之长期存在为显著特征。租界作为中国近代社会内部一个特殊区域，较少受到国内政局变动的影响。汉口英租界从1861年辟建到辛亥革命之前，半个世纪的时间里一直稳定发展，迄未发生任何变化，其他租界也是如此。

民国建立以后，这种状况开始发生了改变。随着中国人民民族意识的逐步觉醒、民族民主革命运动的日益高涨，租界的特殊地位开始受到前所未有的冲击，再加上国际局势的重大变化，中国政府和中国人民便开始了收回租界的斗争，这是一个长期的、艰辛的斗争过程，前后历时30年，无数的中国人为之付出了鲜血甚至生命。

汉口五国租界的收回始于1917年对德租界的"接管"。

湖北地方政府"接管"了德租界，不久又"接收"了俄租界，何以会出现这种情况呢？主要归因于国际形势的骤变。

具体地讲，1917年的欧战形势造成了中国收回德租界极为有利的外交态势。当时，中国作为协约国一方参战，进而与交战国德国绝交，据此收回德租界就成为国际关系法上顺理成章的事情。其他西方列强虽不愿看到中国如此之举，但碍于特殊的情形也无由干涉。1917年3月15日，湖北督军王占元收到北洋政府关于接收汉口德租界的命令，随派江汉关监督兼交涉员吴仲贤将旅行券交给德租界领事，限其48小时内出境。

随后，吴仲贤与汉口警察厅督察长率150名警察、136名巡捕，于当日下午进入德租界，接管了租界的警察权。此前，德国领事拒绝移交权力，声称拥有对"一切因中国政府这种行为而引起的后果"作出必要反应的权利。并再三谒见王占元，在中方承诺充分保障德国人的生命财产安全后，德国领事方才交出租界工部局的权力。双方确定：德国警察及义勇队所有兵器、消防机械和公有物资交由中国地方政府存管，依约，归国之德国人身边决不能"携带寸点武器"。3月16日，德国驻汉领事馆和商人、传教士准备撤走。18日,中国地方当局将汉口德租界改为特别区,同日,宜昌的中国军队也接管了当地德国领事馆。

3月28日,北洋政府内部公布《管理津汉德国租界暂行章程》,在汉口德租界设立特别区临时管理局(后称特一区)。汉口警察厅厅长周际芸被任命为特别区临时管理局局长。8月14日,北洋政府正式向德、奥两国宣战,于是,又将特别区临时管理局改为正式管理局。同时宣布中德两国此前所签署的通商条约及其他有关条约、合同或协约,均一律废止。①

1919年,根据《凡尔赛和约》第130条、132条之规定,中国政府正式收回汉口德租界。

德租界的整个接管较为顺利,俄租界的收回则是因俄国内战、政权更迭所导致,因而整个接收过程显得一波三折。

1917年,俄国十月革命成功。1919年7月25日,苏俄外交人民委员会发表宣言:"凡从前俄罗斯帝国政府时代,在中国满洲以及别处,用侵略的手段而取得的土地一律放弃。"1920年9月23日,中国政府宣布停止前俄驻华公使、领事的外交待遇,随后下令预备收回汉口、天津俄国租界,代管前俄在中国各地19处领事馆。当武汉地方政府收到北洋政府的训令着手收回汉口俄租界时,却遇到了帝国主义的联合阻挠。

湖北省特派交涉员吴仲贤第一次前往收回汉口俄租界时,遭到了英法美等国领事的反对。10月8日,法国驻汉公使向湖北特派员公署发出照会,声明汉口俄租界实为法租界的组成部分,俄租界的任何变动都必须经法国领事同意,云云。美、英、法等国此后三次照会北京政府外交部,阻挠中国收回俄租界。于是接收工作被一再延搁,后来因为苏联在外交上的主动态度,才使得僵局得以缓解。

1922年9月,苏联派全权代表拉罕来到北京,经过中苏双方反复谈判后,于1924年5月31日签订了《解决悬案大纲协定》。其中第十条规定:"苏联政府允许抛弃前俄政府在中国境内任何地方根据各种公约、条约、协定所得之一切租界等等之特权及特许。"至此,中国收回俄租界在外交上获得正式解决。同年的6月22日,苏联外交官季赛诺夫到汉与湖北特派员沈子良磋商归还俄租界及办理

1917年中国政府接收德租界时的情景

---

① 参见周德钧:"汉口德、俄租界的收回与改制评述"《武汉文史资料》2005年第12期。

通商事宜。7月1日,根据中苏已达成的《解决悬案大纲协定》的原则精神,武汉地方行政当局将前俄领事馆移交给苏联代表,苏联将前俄租界归还中国。同时,在俄租界工部局成立临时管理处,以交涉员沈子良为临时管理处处长,下设总务、外务、警务三课。①

1925年3月2日,武汉地方当局正式将俄租界临时管理处改为特别区,湖北特派交涉员吴霭宸任特别区管理局局长。3月28日,在特别区召开的纳税人大会上通过了特区暂行章程和管理条例,标志着原俄租界的正式收回与特区体制的成立。

二、德、俄租界的接收经过与善后处置

国际惯例和有关战争公约规定:作为交战国的双方理应断绝外交关系,撤除外交机关与人员,援此例,德国在中国的租界与领事馆当然在接受与撤销之列。作为战败国的德国对此没有任何反对的理由。故此,当北洋政府提出照会,要求各地预备收回德租界时,从外交上看是较为平静的,没有出现以往那种列强群起干预、联合反对的局面。这为中方提供了较好的接受环境。而作为接受者的武汉地方当局在具体接受过程中本着审慎周密,保持稳定的原则,比较顺利地实现了平稳接受,并对租界收回的善后工作进行了一系列周密安排,使租界改制成特区的过程没有出现经济的波动和社会秩序的混乱,从而保证了德俄租界改制成特区后持续而稳定的发展。

武汉地方当局为确保平稳接受,在具体操作过程中充分注意到以下几点。

1. 精心布置,确保外交人员与外侨安全有序地撤离

在武汉地方当局的精心布置下,德租界外交人员和侨民在军队及警察的护卫下分期分批撤离,显得有条不紊。据当时的有关媒体报道:

"汉口之德人于断交后退去者几十之九。十五、十六两日,侨商、教士男女老少咸附招商局各轮赴沪。所有各行栈解雇之华伙、仆役,多在江岸送行。十七日德领事(此为德国驻长沙领事——引者注)与捕头亦起程,长沙、宜昌两领事均赶到同行。闻德领事武制礼是日并渡江,以私人名义谒王督军辞行。登轮时,镇守使警厅长均排队在码头护送。汉阳兵工厂、钢铁二厂原有德工程师五人,川粤汉铁路局之工程师助手德籍者原有七八人,自欧战发生,该工程师等已陆续自辞回国,现在兵工厂已无德人,铁路局尚余三人,已遵中央命令辞退。汉冶萍公司系属商办营业,有德工程师二人,本不在应行辞退之列,该德人因自愿回国,已经辞去。省垣外国语学专校教员格拉塞在鄂已十七年,娶有华妇,生育子女,其职务无关军事,现在仍许继续。该氏亦不愿离华,故照常上课。"②

为防止民众因不谙真相而可能发生的中外摩擦,预防不法之徒乘隙抢劫滋事,并安抚一般外侨可能出现的慌张心理,武汉地方当局接受之时在租界张贴公告,布告安民。告示以湖北特派交涉员名义发布,其略云:"照得本兼任,昨奉外

---

① 参见周德钧:"汉口德、俄租界的收回与改制评述"《武汉文史资料》2005年第12期。
② 引自1917年3月24日《申报》。

交部电,令同汉口警厅接受德国租界,已于十五日将德国租界地方及工部局、巡捕房一律接管,当由警察厅派警站岗,布置悉按成规,保卫益臻缜密。所有界内各商民务各善体此意,安心营业,无庸过虑,为此通告。"①由于武汉地方政府采取了一系列稳妥周密的措施,使整个接受过程有条不紊。当德国外交人员、教士、商人及家属侨民陆续撤离后,德国驻军与租界巡捕也随之撤离,中国军警随即进入德租界,设岗警守,维持治安,从而使整个接收过程未有大的波折与骚动出现。据《申报》报道:"德人于鄂属各地建设教堂甚多,各商场镇市所设商行之店数亦不少,现在侨民、教士虽多回国,其财产应妥为保护,已由军、民二界通令各文武遵照。刻武汉之德国教堂均派有巡警在外监守,省垣下新河之礼和炼矿厂且驻有军队,其炼锑事业已经停止。汉口各德行内亦静寂无人。"②

当时德国人在汉行商者甚多,据租界会审公所的统计,1914年共有222人。第一次世界大战爆发后,德国人开始陆续回国,1916年还有60余人。1917年中国参与协约国一方并与德国断交后,散在内地的德国人纷纷来汉聚会,人数又增至一百多人。武汉地方政府接收德租界后,这些德国人从汉口撤离,留下者只有七八人。

2. 接管、代管与存管并行,军政设施与商务机构区别对待的接收方针

德国在汉投资设厂、经营贸易历时既久,规模亦大。这些德资企业如洋行、工厂、商店、银行等大多数集中在德租界,也有一部分在其他租界以及三镇各地。随着德租界的收回与领事馆的撤销,德资企业与德国驻汉各组织机构遗留了大批资产设施,如教堂、领事馆、教会、学校、房产等等,这些资产数额颇大,且散布于三镇。如何接收保管德国人所遗之资产,确属棘手之事。武汉地方行政当局根据此种情形,制定了接管、代管与存管并行,军政设施与商务机构区别对待的接收方针,较妥善地处理了这一问题。

所谓接管、代管与存管并行,即按国际公法,对绝交国理应接管没收的外交机构设施及相关政治军事设施实行一体接收,如德国领事馆工部局、巡捕房等机构的房产设施一律接收,其相关产权由德方变更为中方。而非军事设施、非官方资产则采取区别对待政策,即代管与存管并行的政策。如对德国投资的洋行——美最时洋行、礼和洋行、德华银行,以及德国在汉创办的教堂及学校等,一律采取代为管理与封存保管的方针,使其资产不致损耗或遗失。从而充分显示出武汉地方当局在接收问题上的开放意识和灵活变通的政治策略。

据当时的媒体报道:湖北暨武汉地方当局对为数众多的德国教堂采取派驻军队予以保护的政策,以免在接收过程中各种不虞事件的发生和财产的损失。地处武昌的德国礼和炼矿厂即驻有军队予以护卫。在接收过程中,中方尤其注意不法之徒乘隙滋事,"中德断交现尚未至于宣战也,乃民间不知真相,发生种种谣言,以讹传讹,匪徒遂欲乘机滋事。十八日,德界沿华景街之某国商店玻璃忽为人捣毁,正欲入内滋扰,幸警捕齐至,拘获二人。现交涉员以各德商行栈、住房

---

① 参见周德钧:"汉口德、俄租界的收回与改制评述",《武汉文史资料》2005年第12期。
② 引自1917年3月28日《申报》。

皆系空锁,内储器物甚多,诚恐盗匪潜入行窃,特派警捕照管,将门锁遍加封锁,并请武汉稽查处派侦保、调查十余人在德租界常川巡查,以资严密。"①

德国在汉之银行资产则多交由中国银行代管:"德华银行于接收时曾停歇一日,由中国银行汉口分行行长钱宗瀚奉部令赴该行,将存银账目盘算清楚,乃照常营业。现钱居于监督地位,提支现款需彼签字,方有效力。行中只两德人,一司账,一管库。大班已去,所有华商存款早已提取钞票,亦经兑去,故现在事极清闲,其存银尚有一百余万元。德华学校则已停办,学生星散。吴交涉员商于王兼省长,拟将该校学生并于武昌外国语学校。"②

武汉地方当局对德国非军事非官方资产的代管与存管,主要采取登记清盘与转交中方相应机构代为管理的办法。完成上述步骤后,在汉的德国机构照常运转,该营业的照常营业,该传教的照常传教。如德华银行由中国银行汉口分行代管,德国学校的学生则并入武昌外国语学校,德国教堂则派军队严密守卫,等等。而德租界的大量出租房产概由交涉署代管。由于上述开放灵活的处置,使中德两国的政治交接并未影响原租界内商贸活动正常运行。尽管接收以后德国商人和侨民人数大减,但德国投资的产业并未受到丝毫的损失。1918年欧战结束以后,德国很快恢复在汉的投资与贸易,其发展势头毫不逊于战前,其所以如此,均与武汉地方当局审慎周密的接收政策与灵活开放的善后处置有着莫大的关系。

随后进行对俄租界的接收也大致遵循着同样的方针,由于俄租界的接收只涉及原租界内市政管理与侨民管理事务,原俄领事馆所属事务全部移交给了苏联政府,所以接收过程较前者简略许多。

三、从租界到特区:租界角色地位的演变

武汉地方当局按照北京政府指示先后接收了德、俄租界,并将其改为特别管理区,后来又简称为"特一区""特二区"。

特区,顾名思义,乃是武汉地方行政管理范围之内的特殊区域,它既非原来的租界,又非中国政府直接管辖的行政区域。在特一区、特二区这两块特殊区域内(1927年后还有由英租界改制的特三区),武汉地方当局实行了特殊的市政管理体制,即二元体制,或者叫主权与治权分而治之

汉口特别行政区管理局的中国专任职员

---

① 1917年4月2日《申报》。
② 1917年4月1日《申报》。

的体制。简言之,中国地方政府对于这两个特殊区域收回了领土主权,而治权仍旧予以保留,从而形成了"华洋共管"的特殊局面。1917年3月28日,北洋政府外交部公布了《管理津汉德租界暂行章程》,分别在天津、汉口德租界设特别区临时管理局,并制定了特别区管理局的组织原则与管理章程。

特别区管理局拥有特区内行政、警务、治安等方面的管理权,从这个意义上说,特区的主权完全属于中方是确凿无疑的。据此,中方对长期存在于租界中的吸毒、赌博、卖淫等败坏社会风化的现象予以取缔即是行使主权的直接体现。除此之外,特区的市政管理体制则未做大的变更,基本沿袭了原德租界的管理体制。而且特区的涉外司法权,特别是涉及外人刑事诉讼的领事裁判权并未明确收回。

揆诸史料可知,原租界所实行的司法审判制度还基本保留着或变相保留着。据当时有关媒体报道,德国领事撤离后,委托荷兰领事代其保护德国侨民,荷兰领事原想乘机接管德国租界工部局的职权,被中方驳回。但是,在原德租界内荷兰领事却获得了"会审"权,这实际上是变相的领事裁判权,即在原德租界内凡涉及华洋纠纷事件,均由武汉地方当局与荷兰领事会同审理。不仅如此,对于原施行于德租界的司法处理规章也大都予以保留,特区内发生的一般违警事件,均沿用巡捕房旧条例规章处理。不同的是,此时除领事馆(由荷兰代理)参与司法审理外、租界管理委

汉口特一区警察署

汉口特区警察署的中外警官

员会、夏口厅知事均可参与审理。具体而言,租界管理委员会专门审理华人民事诉讼案件,涉及外国人的司法诉讼则由租界管理委员会会同荷兰领事共同审理,华人刑事诉讼案件则由夏口厅知事审理。至于原德租界内的有关市政管理工作,则基本未做更改。只是将原工部局改为卫生局,分设清道、保安二股,租界内的所有市政管理事务诸如清理街道、疏通沟渠、防疫、救火、燃灯、植树等均归卫生局管理。

特别区在管理体制上的这种主权与治权相分离的状况从维护国家主权与民族尊严的意义上看自然有着严重的缺憾,它反映了北洋政府对外的妥协与软弱;同时,我们也应该看到,这种主权与治权的分离、华洋共管分治的特区体制是在列强环伺和中国半殖民地社会地位并未改变的大前提下创设的。客观地讲,在上述社会情形下,这种主权与治权相分离的二元体制不失为一种权宜变通之举,也是特定历史阶段上的必然产物。

四、英、日、法租界的收回

德、俄租界的收回主要与国际局势的变化有关,而英租界的收回则是中国人民在反帝爱国精神的鼓舞下的主动所为。

英国是最早在汉口建立租界的国家,也是势力最强大的老牌帝国主义,在近代史上,它对武汉人民的革命运动阻挠、破坏最多,因此武汉人民对英帝国主义势力非常痛恨。1925年,上海"五卅"惨案发生后,英国水兵在汉口又制造了"六一"惨案,积聚已久的反英浪潮终于爆发了。

1926年,国民革命军北伐抵达长江流域,首先遇到英帝国主义的阻挠。当时北伐战争的主要战场在湖南、湖北,以直系军阀的势力为主要打击对象,而盘踞两湖的直系军阀吴佩孚与英国的关系密切,眼见吴佩孚在长江中游的统治岌岌可危,英国急不可耐地出面为吴佩孚斡旋,还极力敦促孙传芳援助吴佩孚,并鼓动奉系军阀张作霖、张宗昌"援北压南",共同对付北伐军。及至北伐军兵临武昌城下,英国又向困守武昌城的吴佩孚部队输送军粮,公开站到反动军阀的一边,造成震惊三镇的"武昌关事件"。对此,中共机关刊物《向导》周刊发表评论说:"武汉的决斗,乃是革命的中国与侵略的英国之决斗。"①

北伐军占领武汉三镇以后,直系军阀在湖北的统治宣告结束,这给英帝国主义以沉重打击。英国仇视中国人民的革命运动,对北伐革命军也采取敌视的态度。所以当北伐军进入武汉时,英租界当局如临大敌,在租界边沿,特别是靠近江汉关一带设置电网,用沙包筑成街垒,由海军陆战队日夜守备,还组织英国侨民义勇队巡逻。英文《楚报》经常发表文章诋毁中国革命,并鼓吹各国军舰加以干涉。

停泊在汉口江面随时准备干涉中国革命的外国军舰

1926年11月26日,在英国领事的策划下,外国领事团正式向武汉国民政府

---

① 关于英租界收回的经过,参见武汉市政协文史委员会编纂《武汉文史资料(租界专辑)》1991年第4辑。

汉口的租界

提出抗议，要求取缔租界华人仆役的罢工，声称若不答应，将"采取适当手段一谋解决"。与此同时，登陆的英国水兵也不断与罢工工人及北伐军士兵发生冲突。中英关系骤然紧张。12月22日，北伐革命军总顾问鲍罗廷在国民党中央执行委员会和国民政府临时联席会议上指出："租界已经成为反革命的大本营，即革命的陷阱"，暗示国民政府要对租界采取"断然"的措施。12月26日，在共产党人李立三、董必武领导下，汉口和武昌各界市民举行反英大会，要求与英经济绝交，迫切要求政府收回英租界。恰好在这一天，英商亚西亚煤油公司福光轮在汉口下游的团风江面撞沉华商既济公司神龟号客轮，400余名中国同胞罹难。噩耗传来，三镇上下，群情激愤，反英的声浪日渐高涨。

1927年1月3日下午，武汉各界市民继续举行庆祝北伐胜利和国民政府迁汉办公纪念活动。下午，中央军校武汉分校学生组成的宣传队在汉口江汉关码头附近宣传演讲，听众多是码头工人和海员，秩序井然。忽然英租界印度巡捕越界跑来干涉，听众未予理睬，演讲继续进行，不一会儿，江面上英舰水兵上岸，手持刺刀驱赶集会的群众，军校学生腿部被刺伤，集会的民众奋起回击，以石块投向英国水兵，双方遂发生激烈的冲突。英国水兵悍然向手无寸铁的群众刺杀，一位海员当场毙命，被刺伤的群众达30～40人。集会的群众和

遭到英国商船撞击的"神龟"号客轮正在下沉时的惨状

军校学生与英国水兵展开了英勇的搏斗，夺得英水兵马枪一支。不少海员和码头工人愤怒地冲向英租界，拆除路口电网，推倒沙包街垒，涌进租界。在几处主要路口，冲入租界的群众与英方巡捕、水兵对阵相峙，更加严重的冲突，一触即发。这时，正在南洋大楼进行的临时联席会议闻知这一消息，立即派临时联席会议主席徐谦和蒋作宾，会同武汉市党部代表李国煊、宛希俨等人赶赴现场，力劝群众保持克制，避免更大的牺牲，并阐明政府收回英租界的原则和对策。同时，国民革命军第八军军长兼武汉卫戍总司令李品仙接到报告后，即派特务营开赴租界冲突地段，工人纠察队也进入租界，配合军队维持秩序。当是时，在租界内外的主要通道上，中国军队、工人纠察队、聚集的民众组成了一股巨大的人海，抗议声、呼喊声震天动地。面对中国人民声势浩大的革命浪潮，英租界当局胆战心惊，他们惊慌失措，纷纷逃往江边的军舰上，不少英国商民携眷悄悄登上江边的外轮躲避，英租界局势完全在我方的控制之下。大多数聚集在租界附近的群众经国民政府官员的耐心劝说，渐渐离去，武汉卫戍部队的特务营也随后撤离。工人纠察队则留下，在主要街口站岗巡逻，严防坏人破坏，并保护外侨的安全。

"一三"惨案发生之时，湖北省第一次工人代表大会正在武汉召开。中共领

导人李立三、刘少奇、林育南、项英、许白昊、向忠发等闻讯后亲赴现场视察，并立即召开紧急会议，决定通电各人民团体和各界同胞，声讨英国水兵的暴行，决心领导全省有组织的30万工人兄弟与英帝国主义斗争到底。会议要求国民政府立即向英驻汉

"一三"惨案发生时，英国水兵和武汉人民发生激烈的冲突，由此导致武汉人民收回英租界

总领事进行交涉。中华全国总工会、中共中央也先后发表对外宣言，声讨英水兵的罪行，揭发英帝国主义破坏中国革命的阴谋，表达中国人民誓死收回英租界的决心。1月4日上午，武汉工农商学各界代表300余人，在汉口总商会召开紧急会议，由武汉市党部李国煊主持，大会一致通过处理"一三"惨案的"八项条件"，并要求国民政府限英方在72小时内作出答复。"八项条件"的主要内容是：一、向英方提出严重抗议；二、英方须赔偿我方死难同胞的损失；三、将肇事凶手交由中国政府依法惩办；四、英方须撤退江面上的军舰，拆除租界内的沙包、电网等作战设施；五、英方必须向中国政府道歉；六、中国人在英租界有集会、结社、演讲的绝对自由；七、必须解除英租界巡捕及义勇队的武装；八、中国政府派军警管理英租界。紧急会议还要求政府立即进行下列工作：一、收回英租界；二、收回海关；三、取消英国轮船在中国内河的航运权；四、撤消英国人在华的领事裁判权。紧急会议还决定成立"武汉市民对英外交委员会"，并决定1月5日下午举行大规模的各界市民反英示威大会。

国民党中央临时联席会议在宋庆龄、陈友仁等委员的坚持下，接受了各界代表的"八项条件"，并发表了《紧急公告》，对"一三"惨案表示愤慨，表达国民政府保护人民的决心。答复武汉各界，政府将在24小时内采取措施，同时希望各界群众离开租界冲突地点，以避免更大牺牲。临时联席会议随后就派中央党部代表陈群到英租界巡捕房视事，并派外交部长陈友仁召见英国驻汉总领事，提出

中国军队进入汉口英租界维持秩序

口头抗议，令其在24小时内撤退全部水兵和义勇队，解除租界的武装，由中国政府派军警进驻英租界。省总工会也派出300人的工人纠察队进入租界维持秩序。当中国军警和工人纠察队进入英租界时，许多群众和商店鸣放鞭炮以示欢迎。英侨民义勇队百余名队员，见势不妙，全部放下武器，登上江边的外轮。以此为标志，中国军队开始接管了英租界的治安警务工作，正式收回英租界已纳入

到议事日程。

在收回英租界的整个过程中，武汉人民的革命斗争发挥了主导作用。当中国军队接管了英租界的治安警务后，愤怒的武汉民众纷纷冲入英租界，捣毁了义勇队司令部，又拆除了英租界当局修建的欧战纪念碑，并在工部局（英租界行政管理机构）大楼上升起了青天白日的旗帜。这天的深夜，"武汉市民对英外交委员会"又派12名代表与国民政府官员磋商反英斗争的下一步活动，鼓励国民政府采取更加有力的措施。国民政府方面则重申坚决纳受"八项条件"，积极进行外交谈判，择机收回英租界的基本立场。同时要求"武汉市民对英外交委员会"劝告群众保持克制，避免暴力冲突，防止列强借口出兵干涉。

国民政府与人民群众团结一心，为收回英租界而各自发挥着作用。与此同时，武汉的各产业工会、省农民协会、武昌学联等团体，乃至中小学校，纷纷发表声明、宣言，或通电全国，坚决要求收回汉口英租界。

为了造成收回英租界的有利态势，武汉人民继续进行声势浩大的抗议示威活动。

1927年1月5日，在总工会领导下，武汉三镇各界同胞广泛开展反英斗争，罢工、罢课、罢市，集会游行，全市上下到处是抗议的声音，三镇内外到处是示威的人流。原定于当天下午二时在汉口济生三马路广场举行的反英示威大会，一大早就有省总工会、省农民协会和汉口一些团体的上万余名群众列队进入会场。当天，天气寒冷，人民群众却是热情高涨。下午二时许，大会正式举行，广场上已聚集了数万人。大会拥护中共提出的"八项条件"，当大会主席报告"一三"惨案经过，讲到同胞惨遭英国水兵残杀时，整个会场顿时成了愤怒的海洋。"打倒帝国主义""为死难同胞报仇血恨"的口号响彻一片，声震九霄。紧接着，各群众团体的代表纷纷上台发言，表示坚决支持政府，誓死收回英租界，夺取更大胜利。会后，举行了浩浩荡荡的示威大游行。由总工会代表李立三任总指挥，沿途高呼口号，振奋人心。工人纠察队紧随队伍，维持秩序。游行队伍由济生三马路经后城马路（今中山大道水塔一带）直下，进入英租界。这时，英方顽固分子竟指示华籍巡捕出面挑衅，用棍棒殴打围观助威的群众，打伤10余人，以图挑起事端。中国军警和工人纠察队赶到现场，当即制服了逞凶的巡捕。接着百余名群众包围了英国巡捕房，要捉拿打人的凶手，吓得巡捕逃窜一空。另一支工人游行队伍，由联保里出发，在武汉码头工会的领导下分两路直入怡园路（今江汉路北段）和一码头，挺进英租界。同时，总工会各分会的纠察队也进入英租界。码头工人、海员、人力车夫、棉花打包工人和店员，从四面八方涌进，整个英租界人山人海，反英口号响彻云霄。许多英国侨民不知所措，纷纷携家眷逃往江边怡和公司和太古公司的四艘轮船，轮船上顿时满员，随时准备开航。来不及登上轮船的英侨被通知暂迁日租界河街亚西亚石油公司货栈内。英国商行关门，汇丰银行和麦加利银行停止支付，英总领事馆被革命群众重重包围。当时江面上有三艘小型英舰，可登陆作战的士兵有百余人，眼看总领事馆被包围，也只能各自逃生。英总领事葛福虽然仍在馆内，但威风全无，形同瓮中之鳖，不得不打电话请求国民政府派兵保护。

当天，临时联席会议根据斗争形势的发展，决定由外交部长陈友仁、交通部长孙科、财政部长宋子文、中央党部代表陈群和卫戍总司令部汉口办事处一名处长组成"汉口英租界临时管理委员会"，主持英租界行政事宜。管委会首先设法恢复交通治安，原有巡捕岗位，由我方警士复岗，并挑选自愿为我方效力的印度籍

在今天汉口繁华的步行街上，当年武汉人民同英帝国主义斗争的场景已被永远定格

巡捕10余人，换上中国警士的警服、肩章、帽徽参加站岗。汉口英租界完全置于我国政府的管辖之下。社会秩序很快恢复，武汉人民收回英租界的斗争取得了空前的胜利。

这天夜晚，三镇上下霓虹闪烁，大街小巷灯火通明，市民奔走相告，大家共同庆贺这个伟大的历史时刻。

1月6日，另一个鼓舞人心的消息传来，我国政府收回了九江的英租界。

中国政府接管汉口、九江的英租界后，英帝国主义大肆造谣污蔑，并妄图以武力威胁，卷土重来。英国将在华兵舰增加至20艘，士兵增加至2万余人，还准备从印度和英国本土调遣军舰，并竭力煽动帝国主义列强出兵干涉。

在中国共产党领导下，全国许多城市掀起更大规模的反英群众运动，纷纷与英经济绝交，工人不为英国工厂做工，商店不卖英国商品。武汉还组成"对英经济绝交委员会"要求政府禁止英国汇丰银行和麦加利银行偷运现金出境，没收海关在两行的结存。

第三共产国际和苏联外交部对我收复汉口、九江英租界表示理解和支持，英国共产党号召英国人成立"勿侵略中国委员会"，要求英国政府撤退驻华海军，不要干涉中国革命。英国劳工会致电英外交部，反对对中国的任何军事行动，并准备在国会内外开展促使英国政府撤回驻华兵舰和军队的活动。

在国际国内形势的强大压力下，英国政府不得不放弃武力侵犯的企图，遂指令其驻华公使蓝普森与我政府进行谈判，以全面解决租界问题。

1月11日，英驻华公使代表、参赞阿马利在几艘英兵舰的护卫下，乘舰到达武汉，立即与武汉国民政府外交部部长陈友仁展开第一轮谈判。阿马利要求中国政府归还租界，恢复以前状态。陈友仁答复：是英国方面放弃了租界，中国政府已经恢复在这一区域的主权，局势不可逆转。在1月15日的谈判中，阿马利提出将汉口英租界改为公共租界，陈友仁当即予以驳回。以后双方又经过多次谈判，英方横生枝节，诡计多端，企图最大限度地维护其既有的利益。无奈时过境

迁,面对日益觉醒的中国人民、面对日渐孤立的外交局面,英国政府政府不得不低下"高贵的头颅",在随后关于租界问题的谈判中作出了让步。

2月19日,经过几轮艰苦的谈判,阿马利终于与武汉国民政府外交部部长陈友仁签订了《汉口英租界协定》,明确规定:取消英租界,原区域由我方划为特别区。至此,存在了66年的汉口英租界被中国政府正式收回。

根据《协定》,原英租界改制为"汉口第三特别区",中英双方经过谈判,于3月4日公布了《汉口第三特别区市政局组织章程》。规定,原汉口英租界区域为汉口第三特别区,特别区一切行政及涉外事宜归市政局管辖并办理,市政局行使行政管理权,市政局局长由国民政府外交部呈准、国民政府委任。市政局董事会由七人组成,局长为董事长,其余六董事,中英各半。董事会议案,经多数通过即可实行。"①

3月15日,汉口第三特别区正式成立。管理局首任局长、董事长为黄谷昌。"特三区"在管理体制上与"特一区""特二区"基本保持了一致,中国政府在收回了主权的前提下,基本保持了租界的原有市政管理体制,实际上是"主权"与"治权"的分离。特区的最高行政机构是中国政府派驻的管理局,下设特区董事会,由中外人士共同组成,实行"华洋共管"。董事会对特区重大事务进行讨论决策,经管理局认可后,交付原工部局所辖的职能机构具体实施。

至此,汉口五国租界已有三个被收回并"改制",原德租界、俄租界、英租界改为"特一区"、"特二区"、"特三区",改制后的特区其发展情形不尽一致,"特一区""特二区"在1929年被武汉市政府撤消,所辖区域直接归市政府管辖。"特三区"则维持原有体制不变,直到抗战时期被日伪政权所"接管"。②

五、日、法租界的"交还"

北伐军1926年10月占领武汉三镇以后,全国人民反帝爱国的声浪空前高涨,武汉人民更是以巨大的热情投入到反对帝国主义的革命洪流,在人民革命运动的推动下,国民政府相继收回了汉口和九江的英租界。在这种大好局面下,一些群众也要求收回汉口的日、法租界。武汉国民政府一度也打算乘势收回汉口日、法租界,然而,由于国内外形势的骤变,武汉国民政府处境艰难,被迫在外交上"战略退却",遂放弃了收回日、法租界的行动。

南京国民政府成立后,一度掀起了一个要求与帝国主义列强"重订新约"的运动,旨在实现"平等及相互尊重主权"的目的。1930年11月25日,外交部长王正廷照会日本驻华公使上村,要求日本在交还重庆日租界以后再交还汉口日租界。日本所谓"交还"重庆日租界,只是出于一种利益取舍的考虑,日本认为重庆日租界偏处一隅,商业不发达,政治上也未充分利用,不如"交还"给中国,还落个顺水人情。但汉口日租界则断然不愿轻易放弃。为此,双方经过了多次的谈判,日本都采取软拖硬抗的方式,使谈判毫无结果。1931年,日本驻华公使重光葵正

① 武汉市政协文史委员会编纂《武汉文史资料(租界专辑)1991年第4辑。
② 武汉地方志编纂委员会主编《汉口租界志》第432~441页,武汉出版社,2005年。

式通知中国：日本政府对中国的要求十分同情，但还不到正式交涉时期，日本无意就汉口租界归还问题进行谈判。"九一八"事变爆发，汉口日租界的归还问题就被无限期搁置下来了。

1937年卢沟桥事变后，中日双方在即将在淞沪地区进行一场规模空前的会战，为此，国民政府军事委员会决定在江阴沉船，封锁长江航道。日本预先获得情报，决定撤侨。他们以汉口日租界为基地，将在黄石、沙市、宜昌、重庆以及长沙、郑州等地的日侨集中，经汉口运至上海回国。

1937年7月31日，日本人在汉口同仁医院召开会议，决定组成以代理总领事松平忠久为委员长的所谓时局委员会，负责组织日侨的民众警察队，协助日军警防卫租界。实际上是具体组织撤侨工作。委员会下设情报司，专门收集情报，侦察动向。汉口江面日舰由驻华海军陆战队司令谷本马太郎指挥。为掩盖其撤侨的意图，日本做出种种"防卫""固守"的假象。一些日本人商店大量采购粮食及军需物资，如棉花、沙石、废铜烂铁等。8月5日夜开始，日本海军陆战队登陆加固工事，装甲汽车四出巡逻，江边军舰升火待发，晚间进行了防空演习。为迷惑中国政府，日本驻汉总领事松平忠久还煞有介事地对英文《楚报》记者表示："如果华军试图攻占日租界，日军当然固守，此点毫无疑问。"待撤侨行动大体就绪，松平6日深夜12时造访汉口市长吴国桢，请其代为管理日租界。汉口市警察局于8日凌晨分派武装警士布守租界各要口，禁止行人出入。11日，松平忠久率领事馆人员及所有日籍警察下旗归国，长沙、郑州、重庆、沙市、宜昌五领事同行。

日本驻汉总领事署随即发表启事称："兹奉本国政府令，本署自8月11日下午3时起暂停办公，关于本署管辖内敝国侨民及日租界之一切事务，即希通告驻上海日本总领事署内之本署临时办公所接洽可也。"日本领事撤退后，汉口市政府于8月11日正式接管日租界，在租界内设立一个直辖派出所，维持治安，还组织人拆除了租界内设置的电网、沙包。当时的媒体这样报道："汉市不闻木屐之声，不见太阳之旗，三十九年来，此为第一次。"①

1938年8月13日，汉口市政府呈文湖北省省政府，决定于8月13日"八一三"抗战周年之际，正式收回汉口日租界，改为第四特别区，并将日租界日本人定的街名，重新命名：东西路改名为五卅路，中街改名为一二八街，西小路改名为七七街，大和街改名为八一三街，平和街改名为九一八街，南小路改名为郝梦龄路，山崎街改名为卢沟桥街，北小路改名为姚子青路，成忠街改名为台儿庄街，中小路改名为刘家骐路，上小路改名为陈怀民路，大正街改名为虹桥街，新小路改名为阎海文路。

1938年10月25日，武汉沦陷。此前撤离的日侨大量返回，汉口日租界又恢复了原状。

1943年1月9日，日本驻汪伪政权"大使"重光葵与汪伪签署"废治外法权，交还租界"的协定。3月30日，日本"交收"汉口、沙市日租界。汪伪政府的"接

---

① 武汉市政协文史委员会编纂《武汉文史资料（租界专辑）》1991年第4辑。

收"委员吴孙皋、伪湖北省省长杨揆一、伪汉口市长张仁蠡等群丑纷纷登台亮相，吹嘘日伪双方的"友谊与合作"。此不啻是一场政治闹剧，在中国的大片领土被日军占领的情况下，却"交还"汉口租界，这就像一个强盗霸占了人家的房屋、却要交还主人的钥匙一样，可笑之极，荒唐之至。

法租界的"交还"也是这场闹剧中的一幕。

太平洋战争爆发后，为配合日本的"大东亚战争"，日本迫使法国维希政权于1943年2月23日向汪伪表示撤消在华治外法权、交还租界。汉口法租界原定于6月5日"交还"，因日本国内为战死的山本五十六举行国葬，交接典礼改在6月8日举行。如上所述，汪伪政权不过是日本侵略者羽翼下的一个傀儡政权，汉口法租界实际仍由日军控制。

汉口日、法租界真正意义上的收回是在抗战胜利以后。

1945年8月14日，日本宣布无条件投降，9月2日在投降书上正式签字。国民政府11月24日公布了《接收租界及北平使馆界办法》，决定全部接收所有各国在华租界及东交民巷使馆区。办法规定，旧汉口的三个特别区以及汉口日、法租界统一收回，正式划归汉口市政管辖区。

历经曲折坎坷之后，汉口日、法租界终于被中国政府收回，这个存在了近半个世纪的"特殊政治空间"从此淡出了人们的视线，作为一个特殊时代标记的租界也从此成为了历史的陈迹。

第七章 作为历史街区的汉口租界：整体保护与综合修复
——汉口租界历史街区的人文价值及其保护

一、存史、教化、励志：汉口租界的人文价值

汉口租界是武汉的一个重要而特殊的"历史城区"。

尽管在武汉这座历史文化名城中，它的历史远不算悠久，比之于三千五百多年前的盘龙城、二千多年前的古琴台，汉口租界是一个地地道道的"晚辈"，它的那点历史简直可以忽略不计。汉口租界也远不及黄鹤楼那样名满九州。尽管在武汉还有"汉正街""解放路""显正街"等众多的历史街区，然而对武汉这座城市来说，汉口租界显然是一个重要而特殊的成员。

说它重要，那是因为它代表着武汉城市发展历史中一个不可或缺的层面——近现代的武汉。汉口租界完整地而生动地展现了近现代武汉的风云岁月，从1862年江汉关设置的那一刻起，武汉就步入到近代的行列，其间经过八十余年曲折坎坷的发展，到1945年抗日战争胜利后中国全部收回租界，彻底摆脱帝国主义的枷锁，汉口租界见证了武汉从

被高楼包围着的这片城区蕴藏着武汉近现代的一段丰富的历史

传统走向现代的转型变迁过程。这一过程虽然在武汉漫长的城市发展史上只是一个短暂的片段，却是一个重要而精彩的片段。汉口租界完整地展现了这一重要的历史段落，堪称武汉近现代城市史的一部生动的教材。

说它特殊，那是因为它蕴藏的近代历史文化资源之丰富、保存的近代历史遗迹之众多、分布的近代文化景点之密集、现存的历史街区范围之大、风貌格局保存之完好，在武汉现存的历史文化遗址中堪称同类之最。

汉口的租界

HANKOU DE ZUJIE

汉口租界拥有巨大、独特的近代历史文化资源，从汉口的开埠通商、对外贸易的鼎盛，"东南互保"、自立军起事、到辛亥武昌首义、二次革命、二七大罢工，再到北伐战争、武汉国民政府、武汉人民收回英租界，直到抗战初期国共合作的抗日民族统一战线，这些近现代史上一系列重要的

这条小街曾经见证过中国近现代史上许多重大的事件

事件都在汉口租界里留下了它们的痕迹。汉口租界是一部活的近代历史博物馆。比较而言，武昌地区的近现代历史遗址虽然为数众多，尤其是武昌首义的历史遗址非常丰富，但它们分布较为零散，很多残缺不全，因而难以形成汉口租界历史街区那样的整体效果。

汉口租界是一个完整的"历史城区"，其范围涵盖南起江汉路、北至黄浦路，西起中山大道、东至长江之滨的2.8平方公里的城区，若加上风格类似的周边街区及租界西北面的跑马场等"飞地"，则有近5平方公里的城区范围。这个区域基本保持着原有的道路格局，拥有众多的历史建筑和具有历史风貌的街道里弄。在这个区域内已被命名的市级以上文物保护单位78处，目前尚存留的欧式建筑500多栋，其中优秀的历史建筑232栋，总建筑面积达25万平方米。尤其是江汉路片、青岛路片、洞庭界片、鄱阳界片、车站路片、岳飞界片、胜利界江汉路至一元路片等街区的历史风貌保护完好，具有极高的历史文化价值。

据粗略统计，在汉口租界区域内，欧洲主要国家的特色建筑都有集中的展示，称之为万国建筑博物馆，似不为过。其中具有英国传统建筑风貌的街区面积约为61.6公顷，这里街道呈整齐的方格状，银行大楼巍峨高耸，洋行大厦典雅气派，官邸民居也各有特色。建筑型制多为文艺复兴时期的古典主义风格，屋顶尖卷、柱式严谨，华贵典雅。俄国传统建筑风貌区建筑面积为23.2公顷，建筑大多具有拜占庭式的风格特点，外轮廓富于变化，立面多采用壁柱、拱券，造型生动，以住宅公寓居多。法国传统建筑风貌区的面积约为29.4公顷，区内道路呈方格状与放射状形态，空间布局灵活，房屋建筑多具有古典主义的风格，以圆券、尖拱为主要造型元素，造型生动别致。而具有德国风貌的建筑群落面积约为21.1公顷，主要分布于德租界，其间街道布局规整，空间结构整齐划一，建筑造型细腻典雅，屋顶坡度较大，色彩鲜明。

如此大面积的历史街区和欧式建筑群落，就全国范围而言，上海、天津而外，就数汉口租界了。就武汉三镇而论，如此完整的历史街区，汉口租界之外，再难

找出第二例了。

这样一个具有丰富历史文化积淀的"历史城区"对于我们城市以及生活于其间的人们,究竟有何意义?

我想,其意义是显著的,而且是多方面的。

要而言之,就是"存史""教化""励志"。

城市的历史街区就像树的年轮,载录着城市流逝的岁月;而历史建筑仿佛是一块块化石,印刻着城市文明的足迹。

地处英租界江边的美国花旗银行大厦

汉口租界的每一条街道、每一幢建筑都附着着一段历史,许多武汉近代史上著名的事件和人物都可以在此找寻到当年的踪迹。在汉口租界这个"历史的空间"里,从房屋建筑到街道里弄都在无声地向我们述说着那段曾经发生在这里的令人百感交集的往昔岁月。这就是它的"存史"作用,仿佛是一部史书,汉口租界载录着过去的故事,虽无文字,却比文字的历史更直观、更生动。

在汉口租界这个"历史城区"中,历史不是存封的,而是鲜活的、跃动的。

每一个置身其间的人都会不同程度地感受到历史的张力,当江汉关的洪亮钟声随着轮船的汽笛在这里回荡的时候,当英、法、德、俄等国的领事馆、巡捕房的旧址映入我们眼帘的时候,当一栋栋外国银行大楼从我们面前掠过的时候,一种沉重的历史感和岁月的沧桑感会油然而生,一幕幕或激动、或悲壮、或愤懑、或欢欣的历史场景不经意间就浮现在我们的脑海。

睹物思人、触景生情,在汉口租界这个原真的历史场景中,眼前的一切会令我们怀想过往,追思先辈,进而回味昨天、把握今天、展望明天。这是历史景物带给我们的回味,这是过往岁月留给我们的思绪。这就是汉口租界作为历史街区所特有的教化功能。

汉口租界所展示的武汉近代历史,不论是半殖民地社会的痛苦经历、还是"东方芝加哥"的辉煌岁月,不论是激情澎湃的大革命浪潮,还是气壮山河的全民抗战,都会对生长于斯的人们产生一种巨大的震撼和激励,使人们透过历史认知当今,在历史的长卷中重新审视自我、品味人生;在岁月的维度里重新树立生活的目标与人生的信念。

由此说来,汉口租界不仅是一部发人深省的历史教材,一部鲜活生动的乡土教材,也是一部催人奋进的励志教材。

20世纪30年代汉口的江景

（今昔的对比生动地展现了一座城市文明进步的足迹）

汉口租界是一个历史空间，因此具有"存史""教化"和"励志"的功用，同时，它又是一个现实的生活空间，对于常年生活在这里的人们，汉口租界更像是他们生活中的一个亲密伴侣。它是故里、亲友、童年的见证，它承载着人们对故里、乡土的情感。这里的每一条街巷、每一栋老宅、每一座院落、每一块招牌、每一道街景、每一个清晨或黄昏的时刻，都是人们的一段温馨记忆。生活的怀想、童年的追忆、往事的缅怀、亲友的追思……感情的波澜在这里涌动，记忆的潮水在这里奔流，于是乎，一种对生于斯长于斯的城市的认同、牵挂、热爱之情便油然而生，进而产生一种自豪感、认同感，这是人们发自内心的真挚情感，它是社会凝聚力的源泉，也是人们热爱家乡、服务家乡、建设家乡的精神动力。

作为历史文化空间的汉口租界是武汉这座城市不可多得的历史遗产和文化资源，而作为现实生活空间的汉口租界今天依然是人们朝夕与共的生活家园，对于这样一个弥足珍贵的历史城区，我们除了以十二万分的虔诚去珍爱它，就是以十二万分的热情去呵护它、建设它。

二、损毁、侵蚀与衰败：城市化进程中的汉口租界

然而，实际情况并非如此。

在现今日益加速的城市化进程中，汉口租界与其他的老城区一样，正面临着种种挑战，遭受着种种破坏，呈现出局部损毁、整体衰颓之势。

城市化进程对汉口租界等老城区的破坏主要表现为房地产开发。在我国的许多大中城市，改造老城区、建设新城区成为城市发展的主要模式，而所谓老城区的改造实则是大拆大建、一切推倒重来，于是"旧城改造"就成了"旧城报废"的同义语。

这个始于上世纪80年代的波及全国的"旧城改造"运动，唱主角的就是一个

个的历史文化名城。在那个追求经济高速发展、追求摩天大楼、追求大广场、大宾馆、追求所谓现代城市新景观的时代,历史街区、历史建筑不仅不被人们珍视,反而被人们视为城市建设的包袱和障碍,是城市现代化的绊脚石。因此,一系列的"旧城改造"首先就是将拆迁的目标指向历史街区。各地政府出于"为官一任,造福一方"的政绩诉求,迫切希望在短时间内使所在城市脱胎换骨、旧貌变新颜。于是不惜冒着"拆祖先房,吃子孙粮"的恶名,对那些无比珍贵的、不可再生的历史文化资源大拆大毁。

"旧城改造"运动一浪高过一浪,固然反映了人们、当然主要是城市领导者的建设激情,寄托着人们对更加美好的生活环境的憧憬与热切期盼。同时,也反映了城市的决策者、规划者不计任何代价地追求片面发展的偏狭,以及对城市历史文化遗产的极端漠视,也集中体现了人们对城市可持续发展规律的无知。①

高楼下面就是原汉口租界的历史街区

而当地方政府的这种急功近利的短视行为与房地产开发商对高额利润的疯狂追逐结合在一起时,就会造成一种灾难性的后果,其直接表现就是对历史城市或历史城区的"建设性破坏"。据《人民日报》报道,"2002 年全国城镇共拆迁房屋 1.21 亿平方米,相当于当年商品房竣工面积 3.2 亿平方米的 37.5%"。中国成为世界上最大的建筑工地,"每年建成的房屋面积高达 16 亿平方米至 30 亿平方米,超过发达国家年建成面积的总和。"②

在此大环境下,武汉市的"旧城改造"也进行得如火如荼。从 1992 年到 2001 年,武汉市房地产开发累计完成投资 802.89 亿元,累计竣工房屋面积 2735.8 万平方米。③ 房地产的开发建设总是与旧城改造连在一起的。经过十余年的房地产开发,在人们在惊呼城市"长高了""长大了""变美了"的时候,武汉三镇的老城区已经被拆得千疮百孔、面目全非了。令人扼腕痛惜的是,在旧城改造的标榜下,具有五百年历史、完整体现明清时期汉口商业特征的汉正街已被彻底"改造"了,青石板路面的街巷消失了,成片的明清时期的商铺和民居消失了,一些历史性的景物也不见了,古风盎然的"十里"长街现在已经"改造"成毫无特色的现代商贸城,在一个接一个的开发项目的改造下,在推土机的巨大轰鸣声中,汉口的"母街"汉正街"灰飞湮灭"了。

---

① 单霁翔《城市化发展与文化遗产保护》第 91 页,天津大学出版社,2006 年。
② 《人民日报》2005 年 9 月 23 日。
③ 《武汉建设年鉴》武汉出版社,2002 年。

其实,不仅武汉如此,即便是人文底蕴深厚的西湖杭州又何尝不是如此!

杭州市在1986年提出"住宅建设实行改造旧城与建设新区相结合,以改造旧城为主"的方针。在此方针的指引下,现代住宅建筑开始进入历史城区,由于资金等原因的制约,这时的杭州旧城改造的力度还不大,到了上世纪90年代,随着城市建设高潮的到来,"旧城改造"再一次成为建设的重点。

位于原德租界的"和记蛋厂"的厂房被拆除,这座有着百年历史的厂房就此从人们的视线里消失

由于融资的渠道日益市场化、多元化,加之"旧城"的土地价值不断飙升,"旧城改造"成为政府、开发商以及居民利益博弈的焦点,当然也成为新一轮城市建设的最大热点。于是对历史城市或历史城区的"建设性破坏"就史无前例地展开了。武汉的汉正街就在这一时期消失了。而杭州市则立下了用八年的时间改造旧城的"宏愿",以图彻底改变"美丽的西湖,破烂的城市"的面貌。至此,杭州"旧城全面改造"启动。到1999年底,在大规模地拆迁旧房、大批搬迁原来居民、大量兴建现代建筑之后,过去被誉为"三面湖山一面城"的杭州,变成了"一面湖山一面城"。一座风雅之城变成为一座寻常之城。不仅是杭州,几乎所有的历史文化名城都在"旧城改造"上大做文章,将一个个珍贵的历史街区和历史建筑从城市的地平线上抹掉。徐州拆掉户部山的老宅,遵义会议会址门前大片具有浓郁传统风貌的历史街区被完全拆除,北京的四合院民居,上海石窟门里弄等都遭到了同样的命运。在这种近乎疯狂的"旧城改造"中,一批批不可再生的历史文化资源永远消失了,一个个具有自身鲜明特点的历史街区消失了。城市变得越来越相似了。形成"千城一面"的景象。

"建设性破坏"的持续发展引起社会各界的广泛关注,社会各界对"大拆大建"的批评也日益增多。要求停止在历史城区进行旧城改造的呼声也越来越强烈。2002年3月,舒乙、梁从诫等政协委员在全国政协九届五次会议上提出"保护北京历史文化名城的十项紧急建议",针对北京"推平头"式的房地产开发,建议"在这历史的紧急关头手下留情,采取一系列紧急措施,把祖先留下的珍贵的北京历史文化名城遗产保护下来"。2003年7月,著名学者徐萍方先生提出应该废除"改造旧城"的思路,指出:"在我国历史文化名城保护管理工作中,要废除'旧城改造'的错误方针和口号,只有'保护旧城,另建新城'才是保护历史文化名城的唯一出路,舍此而无他途。"①

---

① 徐萍方"要废除'旧城改造'的思路",载于《中国经济时报》2003年7月23日。

建设部副部长仇保兴撰文指出,"在高速城镇化进程中,由于部分领导干部盲目地崇洋媚外、喜新厌旧和贪大求洋,在这些不正确的认识作用下,不少历史文化名城惨遭毁灭性破坏,历史风貌荡然无存,国家级文物保护单位也成了现代建筑海洋中的孤岛而痛失其历史原真性和环境整体性。"①

所幸的是,在社会各界的强烈呼吁下,"旧城改造"的步伐终于暂停下来了。武汉市在拆除了汉正街以后也终于制订了《历史文化名城的保护条例》,汉口租界由此避免了与汉正街同样的命运,从整体上保持了原有的风貌。汉口租界尽管没有被大拆大改,但局部的拆迁、改建、损毁仍然不少,作为"历史街区"的风貌已大打折扣了。归纳起来看,如今的汉口租界主要存在以下几个问题:

其一,新老建筑交错杂处,作为历史城区的景观完整性在一定程度上遭到破坏。

汉口租界是一个欧式建筑集中分布的区域,一直以来,不论是街道的格局、公用建筑,还是里弄街巷都保持着风格的统一,作为一个有别于汉口其他街区的历史风貌区一望而知。然而,上世纪90年代以后,这里陆续修建了一些现代的高层建筑,更有大量的机关、学校、公司、居民公寓等现代新的建筑物穿插其间。特别从一元路到六合路的原德租界,新建改建的房屋特别多,历史街区的景观风貌破坏较为严重。

新泰洋行大厦的四周都是摩天大楼,景观风貌大受影响

其二,汉口租界区的现状基础设施陈旧老化,作为城市社区的功能明显退化。

首先是房屋的老化破损情况严重。在汉口租界区,除了作为政府行政办公大楼的建筑得到维修和养护,其他的老建筑都不同程度地出现破损、老化,对老建筑进行乱改、乱搭的现象十分突出,特别是仍然作为居民住房的老建筑

现代建筑穿插其间,汉口租界的历史风貌在一点一点地淡化

———————
① 《中国建设报》2005年12月13日。

如巴公房子、立兴洋行大楼、保安洋行大楼等破损更为严重,许多老建筑的排水、电路、自来水管道严重老化,有些甚至不能使用。

其次是汉口租界区原有道路以及市政基础配套设施普遍陈旧,难以应对现代城市工作与生活的需求。

其三,汉口租界区现有人口构成不合理,老龄人口和外来人口偏高。

汉口租界处在汉口中心城区的核心地带,现住人口为25万人,在武汉近代历史上,这里一直是所谓"高尚生活"区,居民大多是中产以上人家,人口密度适中,生活服务设施完备。形成了较为明显的中产阶级的生活方式和社会习俗。多年来,这里的人口结构与生活方式基本保持了原有的形

原租界里的高级公寓如今已经破败,有些甚至成了"危房"

态,虽有所改易,但居民以城市中产之家为主体、以中产阶级生活方式为主流的格局依然如故。上世纪90年代以后,随着城市化进程的加快,城市外来人口激增,由于汉口租界这样的老城区房屋日渐破旧,生活配套设施日益落后老化,原居民、特别是中青年居民大量迁往新建住宅小区,留在这里的多半是老人或一些无力外迁的低收入家庭,而补充进来的人口主要是外来务工人员。汉口租界及其类似老城区的的人口结构遂出现老年化、空心化、外来化的特点。

这种人口结构使汉口租界成为贫困人群与弱势人群相对集中的地方,成为城市生活功能、文化功能相对弱化的地方,相应地,汉口租界区的城市管理也有边缘化的趋势,这一地区的市容市貌因而也受到很大影响,凡此种种,使得汉口租界作为一个城市生活社区呈现出明显的衰败之势。

由此看来,汉口租界作为一个"历史城区"虽然整体格局和风貌得以保存,但目前的现状依然

老年人口、外来人口成为原租界所在街区的主要居民

堪忧。如果有关部门不采取合理有效的保护措施,而听任这种状况继续发展,那么它的衰败之势必将愈加严重,它作为历史城区和武汉重要文化遗产的功能势必大大萎缩。因此,保护、修复、完善这片历史街区就不仅显得非常必要,而且显得十分紧迫。

三、整体保护与综合修复：汉口租界的永续发展之道

对于"历史城市"或"历史城区"的保护，国际间形成的共识是"整体保护"。

对汉口租界的保护，毫无疑问，也必须遵循"整体保护"的原则，这是因为，作为历史城区的汉口租界，其格局与风貌只有在整体中才能得以完整体现，而其间的每一个历史建筑、历史遗址也只有在整体环境中才能展现它的原真性。世界著名的历史文化名城巴黎、伦敦、罗马、维也纳在实施保护时，无不是按"整体保护"的原则，对整座城市的街道布局、建筑群落、城市景观等一并加以保护。而要完善城市的现代商务、科教等功能，则在老城的周边外缘另建新城。罗马、巴黎在这方面做得尤为突出。

罗马在20世纪30年代就规划建设了EUR新城，伦敦规划了道克兰滨水码头区，特别是巴黎的拉德芳新区的规划建设更是着眼于对老城的整体保护。为了让巴黎完整地展现它的原有风貌，法国政府在上世纪70年代起就将城市的主轴线继续向西延伸，划出85万平方米的建设用地，规划建设拉德芳斯商务金融区。拉德芳斯位于塞纳河另侧的相对独立地段，距离巴黎历史城区约为2公里，为了加强新城与老城的联系，法国政府建设了直通巴黎市中心的铁路快线，仅十分钟就可以到达历史城区，从而大大增强了拉德芳斯新区的吸引力。同时，将原处于历史城区的法国教育部和设备部等政府机构迁至拉德芳斯，并启动了新凯旋门等一系列公共项目。新区高质量的现代建筑群、相对低廉的租金价格，吸引了大量老城的居民迁往新区，有效地缓解了巴黎老城的人口压力，改善了城市功能。从而使新区与老城既相分隔又紧密联系，使保护与发展互不影响。现在，巴黎64%的国外公司都位于拉德芳斯，总共有3600多家公司中，50%都是公司总部，这些公司的全球营业额高达1520亿欧元。拉德芳斯新区的建设不仅大大便利了巴黎历史城区的整体保护，而且对于促进整个巴黎地区的均衡协调发展、增强巴黎及巴黎地区的竞争力发挥了重要作用。使巴黎能够在异常激烈的世界城市竞争中始终立于不败之地。①

巴黎、罗马等世界著名城市对历史城区的整体保护所取得的巨大的综合社会效益为汉口租界等历史城区的整体保护提供了成功的范例和有益的借鉴。那么，针对汉口租界这样的个案，我们究竟应该怎样做呢？

在笔者看来，首先应该牢固树立整体保护的意识，并将这种意识转换成科学合理的

武汉三镇的整体风貌

---

① 单霁翔《城市化发展与历史遗产保护》第85页，天津大学出版社，2006年。

保护规划。

"整体保护"就要对历史城区的概念进行准确界定,在认真分析特色的基础上,提出相应的整体保护方案。我们应该认识到,城市的文化个性与风貌不是孤立地存在的,城市的文脉更是一个连续的系统。它们——城市的个性、风貌、文脉,以及文化记忆存在于历史城区的每一方土地、

汉口洞庭街、鄱阳街应成为原汉口租界的"核心保护区"

每一寸肌理、每一道天际线中。因此,我们要从城市的历史传承和宏观空间格局的双重维度认识城市的整体特性,进而在这种总体特性之中对历史城区的整体结构特色进行准确的定位,将孤立散存的点状和片状结构整合为统一的网状系统,使历史城区的每一个要素形成整体的历史文化风貌,从而发挥出整体的历史文化价值。这种"整体保护"的理念落实到具体的规划之中,就是对汉口租界等历史城区的街区布局、空间的格局、街巷的肌理、建筑的平面构成、体量、高度、色彩、空间、以及每一个空间元素进行统一的规划,在整体的保护中达到历史城区内各要素的协调一致,在整体保护中使汉口租界的历史风貌得以系统延续。

其次,要制定科学合理的整体保护规划,将汉口租界的整体保护规划以地方行政法规的形式确定下来,使之具有权威性、法律性、连续性。不会因时因地发生变化,也不会因政府的更迭而随意变化,使之成为一项长期不变的"市策"。

武汉市虽在2000年成立了"名城保护领导小组",并制定了汉口租界历史风貌区的保护计划,但总的来说,保护的范围偏小,保护的措施不够得力,效果不甚明显。

从2000年迄今,在划定的汉口租界历史风貌保护区内仍有不少房地产项目在实施,有些甚至是非常大型的房地产开发项目。譬如在汉口租界保护区核心范围的黎黄陂路滨江地段,就有时代广场这样楼高200多米,总建筑面积达十几万平方米的建筑群,对汉口租界的整体风貌构成明显的破坏。其他在汉口租界保护区内的中小型房地产开发项目仍为数不少。

故此,武汉地方政府在对租界历史街区的整体保护上还须加大力度,学习借鉴上海等先进城市的做法,制定更加科学、严格、且具有地方法规效力的保护规划。譬如上海市人大在2007年7月25日召开的第十一届常务委员会第四十一次会议上通过了"第七十一号公告",把历史文化区的保护列入法律的范畴。"第七十一号公告"对上海的"历史文化风貌区"作出了明确的界定,在此基础上,制

定了四章二十四个条款,对"历史文化风貌区的保护范围""历史优秀建筑的认定""历史文化风貌区的保护规划""历史文化风貌区的保护措施"等方面作出了明确而详尽的规定。

例如第三章第十五条明确规定:历史文化风貌区的保护规划应包括以下内容——(一)该地区的历史文化风貌特色及其保护准则;(二)该地区的核心保护范围和建设控制范围;(三)该地区土地使用性质的规划控制和调整,以及建筑空间环境和景观的保护要求;(四)该地区与历史文化风貌不协调的建筑的整改要求;(五)规划管理的其他要求和措施。

上海市人大"第七十一号公告"还对上海历史文化风貌区的保护范围划分出"核心保护范围"与"建设控制范围",在保护措施的严格程度上分出两个等级,以区别对待。

如第十六条就对发生在历史风貌"核心保护区"内的建筑行为作出了如下限定:(一)不得擅自改变街区空间格局和建筑原有的立面、色彩;(二)除确需建造的建筑附属设施外,不得进行新建、扩建活动,对现有建筑进行改建时,应当保持或者恢复其历史文化风貌;(三)不得擅自新建、扩建道路,对现有道路进行改建时,应当保持或者恢复其原有的道路格局和景观特征;(四)不得新建工业企业,现有妨碍历史文化风貌区保护的工业企业应当有计划迁移。

而第十七条则对发生在历史文化风貌"建筑控制区"的建设行为作出了如下规定:(一)新建、扩建、改建建筑时,应当在高度、体量、色彩等方面与历史文化风貌相协调;(二)新建、扩建、改建道路时,不得破坏历史文化风貌;(三)不得新建对环境有污染的工业企业,现有对环境有污染的工业企业应当有计划迁移。在历史文化风貌区建设控制范围内新建、扩建建筑,其建筑容积率受到限制的,可以按照城市规划实行异地补偿。

武汉市也应该将汉口租界历史街区的保护规划列入地方条例或行政法规,以法律的手段予以确立。将2.8平方公里的汉口租界区依据其历史风貌的现状特征再划定保护的等级及其相应范围。例如汉口江汉路至一元路、中山大道至沿江大道的地域可确定为汉口租界的"核心保护区",一元路至卢沟桥路的相应地段可划定为汉口租界的"一般保护区",中山大道江汉路至黄埔路沿线两侧地段可作为汉口租界"控制建设区"。"核心保护区""一般保护区"和"控制建设区"表示保护的不同等级,相应地,保护规划、保护措施也有不同的要求。而不论是那一类保护区,都要贯彻整体保护的原则,从而确保汉口租界历史街区的整体风貌得到完整地保护。

最后,我们要在整体保护的基础上,对汉口租界的"人文生态"进行"综合修复",使之不仅成为一个文化风貌完整的"历史街区",而且成为一个功能完善、充满活力现代城市社区。

我国著名人文地理学者吴良镛先生认为,"旧城整体保护必须坚持将减负、疏散、转型、复兴、宜居作为前提,必须对问题作认真研究,现实棘手的问题要正确对待,千方百计谋求对策,历史名城的文化质量、艺术面貌还要有新的提高,生活质量、环境质量也要不断改善,努力寻求全面的科学的解决问题之道。"①这实际上已道出了历史城区的保护与发展的辩证关系。

对汉口租界这类历史城区的整体保护,绝不是纯粹的"封存保护",因为它不是一件文物,而是一个活生生的城市生活社区。正如英国建筑学家G.迪克斯所言,"一个充满活力的街区总是既有新建筑又有旧建筑,而如果全是某一时期的建筑,只能说这个街区已经停止了生命"。保护它并不意味着停止一切发展与建设的行为,而是要求在保护的前提下进行建设,通过建设进一步促进保护,从而达到对汉口租界历史城区的"综合修复"。

"综合修复"是对汉口租界的居住人口进行合理疏散,对其老旧的市政设施进行全面更新,对不同时期改建、搭建的与租界风貌不相符合的"附加"建筑进行有计划的拆除,对损毁的历史建筑进行修复或重建,对租界区内的民居和里弄进行环境的综合改造,等等。这实际上是一个历史城区"人文生态"全面修复的过程,是一个集修护建设、环境优化、功能提升、社区发展于一体的综合性工程。

通过上述的"综合修复",使汉口租界区不仅成为一个古意盎然的历史文化街区,而且成为一个环境幽雅、人口适中、生活便利的现代宜居城区。让历史与现代在这里有机融合,使历史景观与现代生活交相辉映,如此方能将租界所蕴涵的历史文化资源最大限度地发挥出来,进而使汉口租界区获得持续发展的动力。届时,呈现在人们面前将是一个全新的汉口,它既是一个地道的历史景观区,又是一个具有深厚人文底蕴的旅游观光区,同时,也是一个充分满足现代生活需求的发达城区,一个环境幽雅、文明高尚的宜居社区。

---

① 吴良镛《部级领导干部历史文化讲座——2004年》第238页,北京图书馆出版社,2006年。

参考文献

[1] 范锴《汉口丛谈六编》益善书局,1933 年。
[2] 江浦等《汉口丛谈校释》湖北人民出版社,1983 年。
[3] 徐焕斗编《汉口小志》,盘铭印务馆,1915 年版。
[4] 吕调元《湖北通志》上海古籍出版社,1990 影印本。
[5] 侯祖畲修、吕寅东等纂《夏口县志》1920 年刻本。
[6] 杨振华点校《夏口县志》第 7 册,武汉地方志办公室,1982 年。
[7] 徐明庭校《武汉竹枝词》湖北人民出版社,1999 年。
[8] 武汉地方志编纂委员会主编《汉口租界志》武汉出版社,2003 年。
[9] 武汉地方志编纂委员会编纂《武汉市志·外事志》武汉大学出版社,1991 年。
[10] 武汉地方志编纂委员会编纂《武汉市志·对外贸易志》武汉大学出版社,1996 年。
[11] 武汉地方志编纂委员会编纂《武汉市志·商业志》武汉大学出版社,1989 年。
[12] 武汉地方志编纂委员会编纂《武汉市志·人物志》武汉大学出版社,1999 年。
[13] 武汉地方志编纂委员会编纂《武汉市志·交通邮电志》武汉大学出版社,1996 年。
[14] 武汉地方志编纂委员会编纂《武汉市志·政法志》武汉大学出版社,1996 年。
[15] 武汉市政协文史委员会编《武汉文史资料》(汉口租界专辑)1991 年第四辑。
[16] 武汉市政协文史委员会编《武汉工商经济史料》(二册)1981 年(内部发行)。
[17] 武汉市文史委员会编《武汉文史资料文库》武汉出版社,1999 年。
[18] 李策译《海关十年报告》香港天马出版有限公司,1993 年。

[18] 皮明庥主编《近代武汉城市史》中国社会科学出版社,1993年。

[19] 皮明庥,邹进文《武汉通史·晚清卷》武汉出版社,2006年。

[20] 殷增涛主编《武汉开放史》武汉出版社,2005年。

[21] 吴承明主编《中国资本主义发展史》第二卷,人民出版社,1999年。

[22] 姚贤镐《中国近代对外贸易史资料》中华书局,1962年。

[23] (美)罗威廉《汉口:一个中国城市的商业和社会(1796~1889)》。中国人民大学版,2005年。

[24] 皮明庥、欧阳植梁主编《武汉史稿》中国文史出版社,1992年。

[25] 涂文学主编《武汉史话》武汉出版社,2004年。

[26] 杜语《开埠史话》社会科学文献出版社,2000年。

[27] 徐卫国《租界与租界地史话》社会科学文献出版社,2000年。

[28] 费成康《中国租界史》上海社会科学院出版社,1991年。

[29] 马长林《租界里的上海》上海社会科学出版社,2003年。

[30] (美)郝延平《十九世纪的中国买办:东西间桥梁》上海社会科学院出版社,1988年。

[31] 潘君祥,顾柏荣《买办史话》社会科学文献出版社,2000年。

[32] 林希《买办之家》新世界出版社,2003年。

[33] 湖北省社会科学院历史研究所《汉口九江收回英租界资料选编》. 湖北人民出版社,1982年。

[34] 袁继成《近代中国租界史稿》中国财政经济出版社,1981年。

[35] 罗兹·墨菲《上海——现代中国的钥匙》上海人民出版社,1986年。

[36] 涂文学《文化汉口》武汉出版社,2006年。

[37] [英]毛里斯·柯立司《汇丰银行百年史》,中华书局1979年。

[38] 黄逸平《近代中国经济变迁》,上海人民出版社1992年出。

[39] (法)梅朋·傅立德著,倪静兰译《上海法租界史》,上海社会科学院出版社,1983年。

[40] 武汉市档案馆编《大武汉旧影》湖北人民出版社,1999年。

[41] (法)白古尔《上海史:走向现代化之路》上海社会科学院出版社。

[42] (英)鲍尔《租界生活:一个英国人在天津的童年》天津人民出版社。

[43] 上海档案馆编《档案史料研究》第三辑,上海三联书店,2006年。

[44] (美)艾梅霞《茶叶之路》中信出版社,2007年。

[45] 单霁翔《城市化发展与文化遗产保护》,天津大学出版社,2006年。

跋

　　我的居所在汉口六合路,旧时这里是德租界与日租界的分界线,住的时间虽不长,但我很喜欢这个地方,整洁而宁静。出门不远就是长江,武汉时下最大的城市公园——汉口江滩就在旁边,尤其招人喜爱。疲倦意懒之时,信步其间,凭江风吹拂,看波光与灯火辉映,惬意之极。与汉口江滩一"墙"之隔的沿江大道上,一幢幢有着百年历史的欧式建筑错落有致。夜幕下,霓虹闪烁之际,我的思绪也随之起伏。偶尔还冒出这样的想法,倘使一百多年前,这里不曾被划为租界,今天会是怎样?武汉这座城市又会是怎样?我不能给自己一个确切的答案,闲时翻阅一些地方史乘,也难以找到一个满意的答案。于是就想,他日有便,定当对汉口租界作一番系统的探究。或许是心有所感而物有所应吧,2007年的岁末,承天津教育出版社编辑的盛意,委我撰写一部关于汉口租界的读物,私衷久有此意,自然是欣然应命。可真的接受了写作任务,又不禁惶恐起来,资料搜集的繁剧,写作时间的紧迫,体例要求的难度都令我焦躁不安,常常感觉自己身陷困境。幸而这些困境后来被一一化解,现在想起来,我首先要向从事武汉地方史志研究的前辈同仁深深致敬,没有他们对汉口租界所做的资料整理与研究工作,我的后续研究将很难进行下去。汉网论坛上许多热爱武汉的网友对我的研究也有直接或间接的帮助,他们上传的图片、帖子时常触动我的思路,引发我的思考。虽无一面之缘,却要向他们深鞠一躬。尽管在这半年中,我教务繁重,每日往返于汉口、武昌数次,但在家人师友的鼓励下,我仍如约完稿。杀青之际,如释重负,文债、心债一起了结,有如产妇分娩后的轻松。

　　拙稿定名为《汉口的租界———一项历史社会学的考察》,反映了我写作的基本"企图",即对汉口租界作一番文化社会学的探究。至于汉口租界的原委始末,有同仁的著作为凭,我不作过多的盘桓,只将关注点放在汉口租界的文化形态、汉口租界与华界的文化关系、以及"华""洋"关系的发展演变这些层面。关于这方面的研究,目前可资借鉴的成果尚不多见,故书中许多观点纯系本人私见,乖谬错漏之处,有待方家的匡正。是耶,非耶;知我,罪我,听诸读者。

　　在拙稿的写作过程中,我的多位学生热心相助,湖北大学历史文化学院历史专业2007级的周明涛同学帮我整理文稿,查阅资料。湖北大学历史文化学院历史系2006级的康健、石松、黄行顺同学多次对汉口租界的现状进行实地调查，踏勘旧址，拍摄照片，不辞辛劳。拙稿的成书，也有他们的劳绩，在此向他们致以衷心的感谢。

周德钧
2008年7月29日于汉皋